成功的101塊絆腳石

改掉壞習慣，迎接新自我！

王郁陽 著

崧燁文化

目錄

第三輯 一分鐘改變工作

第七輯 一分鐘改變說話

第八輯 一分鐘改變觀念

序言：給你自己一分鐘

　　我們每個人都或多或少有一些壞毛病、壞習慣。而成功與失敗之間最大的差別，就在於我們是否能夠克服自身的缺陷，戰勝那些影響一生的壞毛病。詩人泰戈爾曾經說過：「當鳥翼繫上黃金時，就飛不遠了。」如果我們無法找出自身的壞毛病、壞習慣，並堅持不懈地去克服它、戰勝它。那我們只能終是碌碌無為，成為那隻飛不高的鳥了。

　　那我們怎樣才能克服那些壞毛病、壞習慣呢？

　　這就需要我們每天給自己一分鐘。一分鐘就是從現代腕錶上讀出的一分鐘，意在讓我們時時記得為自己停下一分鐘，審視自己，發現那些經常被自己忽略的壞毛病。

　　在一分鐘裡我們停下來審視自己，傾聽「最佳自己」的聲音。只要我們每天都這麼做，定會從中學到很多。其實，內在的成功就是愛自己，內在的成功引導自己走向外在的成功。

　　在一分鐘裡我們停下來審視自己的工作。工作狂的我們總是自以為很快樂，那只是因為我們自欺欺人。事實上，我們已經在工作中迷失了自己。

　　在一分鐘裡我們停下來審視自己的生活。因為我們總喜歡把日程表排得滿滿，卻不明白一個簡單的道理：忙碌不一定有效率。

　　在一分鐘裡我們還要停下來審視自己的心。把自己內心世界照料好，就越能享受到生活給予我們的一切。那樣，不僅可以從外部的世界得到更多成功，而且還能得到心靈的平和安寧。

　　記住：每一天我們都要堅持給自己一分鐘，停下來審視和傾聽，這許許多多的一分鐘累積起來，引導我們走向自己最好的一面。我們知道，只要堅持下去，就會有更多的發現，壞毛病、壞習慣也會隨風飄去。

一分鐘檢查：損害個人魅力的二十六個壞毛病

在閱讀本書前，首先讓我們做個自我檢查。

以下二十六個錯誤是我們經常會犯的，如果你認為這些都是一些小缺點的話，那就錯了。因為這些缺點的融合的速度非常快！你願意和平常就顯示出其中三種缺點的人交往嗎？這些缺點會使人對你的智慧和能力產生懷疑，任何想要培養個人魅力的人，都應遠離這些缺點。

一、不注意自己說話的語氣，經常以不悅而且對立的語氣說話。

二、應該保持沉默的時候偏偏愛說話。

三、打斷別人的話。

四、濫用人稱代名詞，以致在每個句子中都有「我」這個字。

五、以傲慢的態度提出問題，給人一種只有他最重要的印象。

六、在談話中插入一些和自己有親密關係，卻會使別人感到不好意思的話題。

七、不請自來。

八、自吹自擂。

九、嘲笑社會上的穿著規範。

十、在不適當的時刻打電話。

十一、在電話中談一些別人不想聽的無聊話。

十二、對不熟悉的人寫一封內容過分親密的信。

十三、不管自己瞭不瞭解，隨意對任何事情發表意見。

十四、公然質問他人意見的可靠性。

十五、以傲慢的態度拒絕他人的要求。

十六、在別人的朋友面前說一些瞧不起他的話。

十七、指責和自己意見不同的人。

十八、評論別人的無能。

十九、當著他人的面，指正部屬和同事的錯誤。

二十、請求別人幫忙被拒絕後心生抱怨。

二十一、利用友誼請求幫助。

二十二、措詞不當或具有攻擊性。

二十三、當場表示不喜歡。

二十四、總是想著不幸或痛苦的事情。

二十五、對政治或宗教發出抱怨。

二十六、表現過於親密的行為。

一分鐘改變：受用一生的三十二個忠告

做完一分鐘自我檢查，讓我們再記住以下忠告，然後再正式進入正文。

一、跟人說話時正視對方的眼睛。

二、對人多說一聲「謝謝」。

三、對人多說一聲「辛苦了」。

四、量入為出。

五、己所欲，施於人。

六、改變世界的主意，往往是由獨自埋頭苦幹得來。

七、街頭音樂家是寶庫，停下傾聽，然後給他一點錢。

八、不要拖延，在必須做的時候做該做的事。

九、結交新朋友，但珍惜舊朋友。

十、跌倒了，不要空手爬起來。

十一、嚴守祕密。

十二、腳踏實地學藝，切勿浪費時間投機取巧。

十三、承認錯誤。

十四、要勇敢。

十五、永遠不欺詐。

十六、永遠不要使別人失去希望。

十七、學會傾聽，機會敲門的時候是很輕的。

十八、不要祈求上天賜你身外物，要祈求智慧和勇氣。

十九、憤怒時切勿行動。

二十、保持良好的姿態。踏進任何房間時，都要昂首闊步充滿自信。

二十一、不要在電梯裡談公事，你永遠不知道站在旁邊的人是否會偷聽。

二十二、在完工之前，切勿付錢給人。

二十三、要贏得戰爭，不妨打一次敗仗。

二十四、當心那些已沒有什麼可失去的人。

二十五、執行艱巨任務時，要表現得只許勝、不許敗。

二十六、切勿期望人生公平。

二十七、永遠不要低估寬恕的力量。

二十八、與妻子爭吵時，切勿拂袖而去。

二十九、做事要大膽、勇敢。將來你回顧過去時，後悔沒有做的事總會比後悔做了的事多。

三十、不要怕說：「我不知道。」

三十一、不要怕說：「對不起。」

三十二、寫出你希望在死前做的二十五件事情，把單子放在皮夾裡，經常拿出來看。

第一輯 一分鐘改變自己

拿破崙・希爾指出：在每一天的生活中，如果你都能夠盡力而為、盡情而活，你就是「第一名」！

一、在懶惰中讓時間流逝

懶惰使時間悄無聲息地流逝。有些時候，我們所做的事情並不都是有意義的，有些甚至是在浪費自己的時間和生命。浪費時間，也是我們事業中的一大剋星。

浪費時間，有二種浪費方法，一種是主動浪費，一種是被動浪費。所謂主動浪費，是指由於自身的原因而造成時間的浪費。譬如說，你明明知道睡一覺時間會白白地逝去，可是你偏偏要睡一覺。所謂被動浪費，是指由於他人的原因或突發事件而造成的時間浪費。比如說在你工作時，你的同事與你閒聊了二個小時，這二個小時就被動浪費了。

人都有惰性。睡在陽光下，暖洋洋地不想起來；坐在樹蔭下聊天不願工作，或沉迷於娛樂場所流連忘返，致使許多應該做的事情沒有做，也使許多本應成功的人平平淡淡，罪惡之首，就是懶惰。

懶惰是一種習慣，是人長期養成的惡習。這種惡習只有一種成果，那就是使人躺在原地而不是奮勇前進。因此，要想取得一定成就，就要改掉這種惡習。一天的時間如果排得滿滿的，讓工作壓得喘不過氣來，促使你盡最大努力投身到工作中去，你就會在忘我的工作中改掉懶惰的惡習。

「在家靠父母，外出靠朋友」，這是很多人養成依賴心理、導致懶惰的根源。如果把你放在一個遙遠的地方，在陌生的環境中生活，你就會自食其力，改掉懶惰的習慣。

有的人在工作中，稍有壓力就放下不做或等待明天再做，這樣一拖再拖，就有許多事情被拖延，而時間卻悄無聲息地流失了。如果你有這樣的習慣，那你就是在浪費自己的生命。

許多人的拖延，是因為形成了習慣。對於這樣的人，無論用什麼理由，都不能使他自覺放棄拖延的習慣。因此，需要重新訓練，培養他們良好的、積極的工作習慣。

一個人再拖延，到了非做不可的時候他就不得不做了，正如房子著火了，他就不得不迅速逃生一樣。明白了工作的重要性，他就不會再拖延下去，以免造成危害和其他人的不滿。

有的時候，你拖延的原因也許是你不喜歡做，或許與你的個性或專長有關。這時候，你可以把它委託給別人去做。這樣，事情也做了，你也沒有拖延。

▊二、生氣時，隨便對人發火

生活中，誰都免不了會生氣，但生氣不是人類的一種天性，而是人們對客觀事物不滿產生的一種情緒反應，表現形式有勃然大怒、打人，摔東西或是靜靜地怒目而視。

無論從生理還是從心理上，生氣都會為你帶來情緒上的不快或行為上的不理智。如果怒氣湧上心頭，許多人會尋找發洩的方法，比如找個人發火。但發火、找出氣筒就真的能讓自己消氣、舒服嗎？其實你反而可能得罪了人，使人際關係更糟。

你不妨回憶一下，過去生氣時你都如何發洩？是找人鬥嘴吵一架嗎？這麼做是不是只會惡性循環？

所以，生氣時最好先冷靜下來，不要做劇烈反應，也不要把怒氣發洩到別人的身上。

記住著名的哲學家阿伯拉爾說過的話：「火氣甚大，容易引起憤怒的煩惱，是一種惡習而使心靈扭曲。」意識到了這一點，生氣時，就不會隨便對人發火了。

三、跌倒了卻爬不起來

英雄可以被毀滅，但是不能被擊敗；英雄的肉體可以被毀滅，可是精神和鬥志不能失去。

很多人告訴自己：「我已經嘗試過了，不幸的是我失敗了。」其實他們並不清楚失敗的真正含義。

大部分人在一生中都不會一帆風順，難免會遭受挫折和不幸。但是成功者和失敗者非常重要的一個區別就是，失敗者總是把挫折當成失敗，進而使每次挫折深深打擊他的銳氣；成功者則是從不言敗，在一次又一次挫折面前，總是對自己說：「我不是失敗了，而是還沒有成功。」一個暫時失利的人，如果繼續努力，打算贏回來，那麼他今天的失利就不是真正失敗。相反地，如果他失去了再戰鬥的勇氣，那就是真輸了！

如果一個人把眼光拘泥於挫折的痛苦之上，他就很難再抽出身來想一想自己下一步該如何努力，最後如何成功。一個拳擊運動員說：「當你的左眼被打傷時，右眼還得睜得大大的，才能夠看清敵人，也才能夠有機會還手。如果右眼同時閉上，那麼不但右眼也要挨拳，恐怕連命都難保！」拳擊就是這樣，即使面對對手無比強勁的攻擊，你還得睜大眼睛面對受傷的感覺，如果不是這樣的話一定會失敗得更慘。其實人生又何嘗不是這樣呢？

大哲學家尼采說過：「受苦的人，沒有悲觀的權利。」已經受苦了，為什麼還要被剝奪悲觀的權利呢？因為受苦的人，必須要克服困境，悲傷和哭泣只會加重傷痛，所以不但不能悲觀，而且要比別人更積極。在冰天雪地中歷險的人都知道，凡是在途中說「我撐不下去了，讓我躺下來喘口氣」的同伴，很快就會死亡，因為當他不再走、不再動時，他的體溫就會迅速地降低，很快就會被凍死。在人生的戰場上，如果失去了跌倒之後再爬起來的勇氣，我們就只能得到徹底的失敗。

四、太過於自損自貶

不明真相、一味地向他人賠不是，不但無法真正地解決問題，反而會因此有形無形地貶低了自己的價值。

當別人提出一些質疑的時候，在還不清楚這是不是因為我們個人的因素所造成的問題，還是我們根本就沒有錯，可是，我們總是會習慣於先向對方賠不是，因為我們認為這是緩和衝突與爭端的最好方法。

你要知道，在這個世界上，有許許多多的事物往往都不盡如人意，如果我們自覺已經盡力盡心，那麼，就不要再受到別人的影響而耿耿於懷，況且，有些人就是故意在找麻煩。

除非，已經確定是因為我們的疏忽所造成的錯誤，否則，不要不分青紅皂白地向人道歉。而且道歉的時候，也以「對不起，我不是故意的」之類的詞語，來表達最誠心的歉意，而不是一再地以強調「我錯了」、「請原諒我」或是「很抱歉」、「我下次絕對不會再犯了」之類的話。

如何適時地向他人表達自己的歉意，可以在發生過錯的時候，冷靜地思考一下：我們到底是故意的？是因為一時的疏忽？還是自己也是受害者之一？然後，再以最適當的言行與舉止，向他人表達我們的歉意。

五、輕易放棄堅持

這個世界上安於現狀的人實在是太多了，他們總是想：「就這樣活著吧，機會不好，老天對我也不公平。」於是你越這麼想，你就越覺得心安理得，你也就越放鬆自己，得過且過地過日子。

社會很容易抹殺人的特質，一旦進入社會，很多人都覺得自己的稜角被磨平了，以前所擁有的那些期望和志向，不知不覺中放在心靈的深處藏了起來。而後只會感嘆：明日復明日，明日何其多。縱然有積極的人生目標，也不知如何去掌握。

尺有所短，寸有所長，每個人都會有自己的長處——屬於自己的寶藏，開啟寶藏之門的鑰匙就在自己的手中，輕言放棄，這些寶藏就永不見天日。也許你現在並不如意，但永遠不能放棄的是成功的決心和鬥志，更為關鍵的是你能不能正確地意識到什麼是自己最擅長的，儘管因為現實的某些原因，不得不在現在的位子上待著，但總要找到自己的寶藏，並努力地去開採它。

▌六、小有滿足就浮躁

你滿足了，就意味著你的心變小了，倒退了。世間沒有什麼能比自以為是更愚蠢的了。適當的固執可能對事業有好處，一旦固執過了頭，就變得心胸狹窄，敏感多疑了。

在我老家，有一位年輕英俊的清潔工，他每天早晨拉著垃圾車經過我家樓下時，都會晃動他手上的搖鈴。當我提著垃圾袋走向他時，他總是微笑著，在垃圾車旁優雅地做個「請」的姿勢，就像在說「歡迎光臨」。

我不知道他的名字，只知道他正值青春年華。原先他在一家賓館裡當迎門僮，後來因為老父病重，便回老家照顧病人，同時兼做一名清潔工。

在與垃圾打交道時，他總能抱著一顆感激的心，因為有事做是最重要的。我被他優雅、自信、有禮的言行所感動，每次倒垃圾時，我都不忘說聲「謝謝」。對此，他很激動，他說他永遠不會看輕自己，但仍然在乎別人的尊重與肯定。

他把「勞動」兩個字演繹得尊貴無比。

一天見他一次，真是三生有幸。因為，他不僅幫我們帶走了生活垃圾，也淨化了我們日漸蒙塵的內心。

世界上有無數的人才能平平，卻靠著他們良好的態度，能做到處事順利、事業有成，一個粗俗不堪或態度惡劣的人，必然會給人留下很不好的印象。種下什麼才能收穫什麼，種了瓜是不會收穫豆的。

七、遇事則怒

人最難戰勝的是自己。一個人成功的最大障礙不是來自於外界，而是自身。

週末下午，小王來到辦公室剛要坐下，停電了，電腦螢幕一片漆黑。小王跳了起來，奔到樓下，管理員正若無其事地聽著收音機哼著小曲。小王破口大罵，一口氣罵了六、七分鐘，最後實在找不到什麼罵人的詞句了，只好放慢了速度。這時候，管理員臉上露出開朗的微笑。他以一種充滿鎮靜與自制力的柔和聲調說道：「你今天有點激動？」

小王非常沮喪，甚至恨這位管理員恨得咬牙切齒。但是沒用。回到辦公室後，他好好反省了一下，覺得唯一的辦法就是向那人道歉。

小王又找到管理員，這回輪到那位管理員吃驚了：「你有什麼事？」小王說：「我來向你道歉，不管怎麼說，我不該開口罵你。」這話顯然起了作用，那位管理員不好意思起來：「不用向我道歉，剛才我並沒有聽見你的話，況且搶修電路的確是我的責任。」你聽，他居然檢討起自己來。

這件事告訴我們，一個人除非先控制了自己，否則無法控制別人。自制不僅僅是人的一種美德，在一個人成就事業的過程中，自制也可助其一臂之力。

自制，就要克服欲望，不要因為有點壓力就心裡浮躁，遇到一點不稱心的事就大發脾氣。人有七情六慾，但人也有些想法超出了自身條件所許可的範圍。食色美味，高屋亮堂，凡人都能想到。但得之有度，遠景之事，不可操之過急，欲速則不達。故必須控制自己，否則，舉自身全力，力竭精衰，事不能成，也是枉然。又有些奢華之事，如著華衣，娛耳目，實乃人生之瑣事，但又非凡人所能自制，沉溺其中而不能自拔，就不是力竭精衰的小事了。人必然會頹廢不振，空耗一生。

你的一生要想在事業上取得成功，應該面對許許多多的壓力，才能鍛鍊自己，才能有所得。務必戒奢克儉，節制欲望。有所棄，才能有所得。

▌八、只想索取不想付出

沒有任何東西是可以不勞而獲的，獲得就得付出，逃避意味著失去。現實是逃不掉的，只有面對。

沒有勇氣去面對困難，只能像逆水行舟一樣——不進則退。

在一險惡的峽谷，澗底奔騰著湍急的河流，幾根光禿禿的鐵索橫在懸崖峭壁間，這就是過河的橋。

一行四人來到橋頭，一個盲人，一個聾子，二個耳聰目明的健全人。

四個人一個接一個地抓住鐵索，在高空行進。結果呢？盲人、聾子過了橋，一個耳聰目明的人也過了橋，另一個則跌下去，喪了命。

難道耳聰目明的人還不如盲人、聾人嗎？

他的弱點恰恰源於耳聰目明。

盲人說：我眼睛看不見，不知山高橋險，寧靜地攀索；聾人說：我的耳朵聽不見，不聞腳下咆哮怒吼，恐懼相對減少很多。那麼過橋的健全人呢？他的理論是：我過我的橋，險峰與我何干？急流與我何干？只管注意落腳穩固就夠了。很多時候，成功就像攀附鐵索，失敗的原因不是因為智商的低下，也不是因為力量的薄弱，而是被周圍的聲勢嚇破了膽。

不論是體能上或是精神上，我們都不認為自己有足夠的能力在特定的場合裡從事某種活動，因此，過度緊張的結果，反而是讓自己的表現越加失常。

每一件東西都有一個價格，這是日常生活裡我們所熟悉的觀念。假使我們走進一家開架式商店推著購物車往前走，隨手把一罐蕃茄醬、一塊乳酪、一條麵包、一條臘肉、一包通心粉放在車上，在出口處店員會核算一下，這許多東西共值多少錢，然後用一個紙袋裝起來，我們付了錢以後，便可帶回家去，作為午餐。

生命的天平也是如此，我們把心裡的欲望放在天平的一邊，另一邊就是所付代價的砝碼。等天平二邊平衡時，你便可以取得你要的東西。有時候代價似乎很高，可是你必須記住，不管你的目標是什麼，你一定要付出相當的

代價才能達到這個目標。原則很簡單也很公正——你要什麼都可以，但沒有任何東西是不勞而獲的。

有意志的人絕不會找任何藉口，也不存任何期望，除了努力工作之外，不企望有天外飛來好運的好事，也不會向親友們哀求，而是靠努力地去創造機會。

▌九、按照別人的模子塑造自己

如果每一個人都能把自己的獨特才能發揮到了極點，就會使自己既與眾不同，又具有說服力。

我們對有些演說家非常羨慕。他們能在演講中加入表演，能夠生動地表達自己的觀點，能夠靈活自如地用非常獨特、個性化、富於幻想的方式道出聽眾想聽的話。

要使說話成功，除了善於用恰當的詞句表達之外，還有其他的重要因素，那就是在詞句表達時所採取的特有風格，也就是演說時的態度。說什麼和怎麼說是兩碼事，切不可混為一談。

羅傑爵士的演說之所以表現得與眾不同，因為他自己就是與眾不同的人物。他說話的態度，就是他個人特點的基本組成部分，就如同他的鬍子與禿頭是他的獨特「商標」一樣。相反地，我們設想一下，如果他企圖模仿勞合‧喬治，那麼他的表現將是虛假的，他將注定失敗。

美國有史以來最著名的一場辯論，發生在一八五八年，地點是伊利諾大草原的一個鎮上，辯論的雙方分別是道格拉斯參議員和林肯。林肯個子高而笨拙，他的對手道格拉斯則矮而優雅。這二個人不但在外表上截然不同，他們的個性、思想、立場和見解也完全不一樣。

道格拉斯身處上流社會，林肯則有「劈柴者」的綽號，他常常穿著短襪子就走到大門口去接見民眾。道格拉斯的姿態十分優雅，林肯則顯得比較笨拙；但道格拉斯完全沒有幽默感，而林肯則是有史以來最偉大的說故事專家；道格拉斯不苟言笑，林肯則經常引用事實及例子來打動聽眾；道格拉斯驕傲

自大，林肯則十分謙遜且寬宏大量；另外，道格拉斯的思考速度很快，林肯的思想過程則是慢條斯理的；道格拉斯說起話來猶如狂風暴雨，林肯則顯得比較平靜，而且表達思想時非常深入，十分從容不迫。

在這個世界上，你找不出另外一個人與你相同。是的，數以億計的人確實都有一雙眼睛、一個鼻子和一張嘴，但他們之中沒有一個人與你完全相同，從他們之中也找不出一個人具有和你完全相同的思想，也很少有人用與你完全相同的方式表達自己的意見。換句話說，你所表達的觀點完全是個人化的，是十分獨特的。身為一名演說者，這種獨特性就是你最寶貴的財產。抓住它！珍惜它！發揮它！它將使你的演說產生無窮的力量，並表達出對聽眾無比的真誠。這是你個人具有重要性的唯一而且真實的憑證，千萬別把自己裝入某個被人設計的模子裡，而使自己失去了個性。

十、誰都不信

二人結伴橫過沙漠，水喝完了，其中一個中暑生病，無法行動。另一個健康而又飢餓的人對同伴說：「好吧，你在這裡等著，我去尋找水源。」他把手槍塞在同伴的手裡說：「槍裡有五顆子彈，記住，三個小時後，每小時對空鳴槍一聲，槍聲指引我，我會找到正確的方向，然後與你會合。」

二人分手，一個充滿信心地去找飲水，一個滿腹狐疑地臥在沙漠裡等待。他看錶，按時鳴槍，除了自己以外，他很難相信還會有人聽見槍聲。他的恐懼加深，認為同伴找水失敗，中途渴死。不久，又相信同伴找到水，棄他而去，不再回來。

到應該擊發第五槍的時候，這人悲憤地思量：「這是最後一顆子彈了，夥伴早已聽不見我的槍聲，等到這顆子彈用過之後，我還有什麼依靠呢？我只有等死而已。而且，在一息尚存之際，兀鷹會啄瞎我的眼睛，那是多麼痛苦，還不如……」，他用槍口對準自己的太陽穴，扣下扳機。

可是不久，同伴提著滿壺清水，領著一隊駱駝商旅循聲而至，他見到的是一具屍體。

最後的一槍是做為信號引導同伴，還是射向自己的腦袋，取決於你是否信任別人。

十一、自己否定自己

一個人若想取得事業成功、生活幸福，重要的是要有積極的自我之心，要敢於對自己說：「我行！我堅信自己！我是世界上獨一無二的人！」就像釋迦牟尼佛誕生時，一手指天，一手指地，說：「天上天下，唯我獨尊。」

常言道，世上無難事，只怕有心人，沒有翻不過的山，也沒有淌不過的河。只是因為不相信自己能力的人多了，世界上才有了「困難」這個詞語。

每個人在一生之中，或多或少總會有懷疑自己，或自覺不如人的時候。

研究自我形象素有心得的麥斯威爾·馬爾茲醫生曾說過，世界上至少有百分之九五的人都有自卑感，為什麼呢？電視上英雄美女的形象也許要負相當大的責任，因為電視對人的影響實在太大了。

有些人的問題就在於太喜歡拿自己和別人比較了。其實，你就是你自己，根本不需要拿自己和任何其他人比較。你不比任何人差，也不比任何人好。每一個人都是獨一無二，不與任何其他人雷同的。你不必拿自己和其他人比較來決定自己是否成功，應該是拿自己的成就和能力來決定自己是否成功。

拿破崙·希爾指出：在每一天的生活中，如果你能夠盡力而為、盡情而活，你就是「第一名」！

十二、用哀嘆來放鬆

打破一種陋習十分困難。對於哀嘆，唯一的辦法就是留意你是否又陷入哀嘆之中，或是又要開始怨天尤人了。

哀嘆是可以接受的抱怨形式，人人都做這件事，只是程度不同而已。人們哀嘆的原因有好幾個，第一，這是習慣，人人都如此；第二，許多人覺得這麼做可以達到什麼目的或得到某些好處。最後，有些人覺得「不吐不快」，

讓別人做同樣的事也有正面的功能。他們把哀嘆的熟悉感跟鬆一口氣聯想在一起。

不幸的是，哀嘆是個壞的習慣，它讓你偏離你自己和他人的成功。

當你參加社交聚會時，請仔細聆聽屋內此起彼伏的哀嘆聲，看看人們是如何分享他們的苦惱，如何沉迷於他們的問題當中。回家之後，再靜靜地坐幾分鐘，思考一下剛才究竟發生了什麼事。試著在心中總結一下所有的哀嘆與一切的抱怨，前後問問自己：這一切究竟有什麼好處？這能夠解決多少問題、創造多少機會、表達多少喜悅、帶來多少創意？答案是零，一點也沒用。它一點好處也沒有，事實上它還會更糟。一般人花在哀嘆上的精力多得驚人！聽聽周圍的談話——工作上的、午餐上的、家裡的，到處都是，不同流合汙的人少之又少。

考慮一下浪費在哀嘆的精力和情緒有多少。很多。這份精力可以用在創造點子或沉思上，這份精力可以用來解決一個問題，實行一個點子、行銷一項產品。這份精力是你致富的來源。它是你的，而且不費一分一毫。當你下定決心，停止哀嘆，你就釋放了這份精力。轉瞬間新的意念開始浮現，刺激的新點子浮到表面上來。

提醒自己：同流合汙雖然十分誘人，但你還有更多的事要做，有更遠大的夢想要追求。當你不再怨天尤人，你會立刻得到回報。

我們大部分人所擁有的信念當中，最不易改變的就是：今天的我是昨天的我之延續。

如果你看得出這種想法是何等荒謬和自我挫折，你就可以立刻轉換，朝成功邁進。我們現在都有無限的潛力和自新的機會，阻止我們發揮這項潛力的是我們心裡過去的糾結。拋開過去，就像從你的脖子卸下一串沉重的鐵鏈，它釋放你去追求你的夢想，發揮你最大的潛力。

每天，都應該有個「新我」。

▋十三、怯懦並縮小自己

有這樣一個人，他無法在眾人面前演講。他一直認為自己缺乏在眾人面前演講的能力，他甚至有具體的證據來證明他的信念是真的，他有二次在嘗試演講時昏倒。然後，有一天，一位好友兼精神導師把他推到一群人面前。在輪到他說話前，導師轉身對他說：「你無法對一群人講話的想法絕對是荒謬可笑的。把這個瘋狂的概念從你的心中掃除，一切都會順利。現在，就克服它吧！」他說對了，一旦他將懷疑的念頭從心中放逐，演講就變得毫不費力。

你也同樣可以做得到。生命中總是自我懷疑是十分愚蠢的事，它對你沒有任何好處。所有的懷疑都是浪費精力，而且干擾了你與生俱來創造財富的能力。

一個好的成功策略，是將懷疑從你的生命中放逐——通通放逐——這並不表示你應該開始做傻事，或做幼稚的決定，它只是說你應該開始信任自己，知道你擁有一個勝利者所應具備的一切條件，可以讓夢想成真。唯一的真正障礙就在於懷疑本身——而所有的懷疑則又來自你自己的思考。

不論你心頭存在的是怎樣懷疑的念頭，讓它們走開吧。這比你所想的還容易，而且將會產生莫大的回報。

▋十四、用「我辦不到」開脫自己

說「我辦不到」的人通常都是消極被動的人，習慣於這種言語的人就會流露出推卸責任的個性。例如：

「我就是這樣。」彷彿是說：這輩子注定改不了。

「他使我怒不可遏！」意味著：責任不在我，是外力控制了我的情緒。

「辦不到，我根本沒時間。」又是外力控制了我。

「要是某人的脾氣好一點。」意思是：別人的行為會影響我的效率。

「我不得不如此。」意味著：迫於環境或他人。

其實，人人都有「我辦不到」的潛意識，這種意識是很不好的，它往往會嚴重阻礙你的發展，無法使你充分發揮自己的能動性，讓自己在一句輕鬆的「我辦不到」中失去了能量，喪失了鬥志。

所以，千萬別對自己說「我辦不到」。凡事主動一點，積極一些，一定會有意想不到的收穫。

一個總說「我辦不到」的人，是個膽小的懦夫；而一個凡事總願意去試一試的人，會比前者多出許多成功的機會，即使失敗了，也不怨自己，畢竟自己努力了。

十五、迷途不知返

有這樣一則小故事：

一位農夫，在田野間耕作，被毒蛇咬了一口，他又氣又惱，對蛇充滿怨恨，不顧毒性的擴散，拚命追打毒蛇。最後，蛇死了，可憐的農夫也倒地不起，一命嗚呼了。

你可以說是蛇咬死了農夫，但這只是一個表面現象。其實，害死農夫的是他自己，如果他不追打毒蛇，而是吸出毒液或者及時地去找醫生，他也就不會死了。

農夫犯的錯誤，正是我們許多人經常犯的錯——選擇錯誤，導致壞的結果。

我們每個人固然可以選擇自己的行為與反應，但後果仍由自然法則來決定，非人力所能左右。

因此，我們雖享有選擇的權力，但也必須承擔隨之而來的後果。人的一生，選擇錯誤的機率是很多的，隨之而來的後果都是人力所無法控制的。

對於已難挽回的錯誤，積極主動的做法不是悔恨不已，而是承認、改正並從中汲取教訓，這樣才能真正反敗為勝。國際商業機器公司（IBM）創辦人華生曾說：「失敗是成功之母。」

犯了錯卻不肯承認，等於錯上加錯，自欺欺人。為自己造成的錯誤編織各種理由加以辯解，則形同掩耳盜鈴，反而越描越黑，受害的還是自己。

十六、為瑣事煩惱

有許多人經常自尋煩惱，整日憂鬱，他們為了擺脫許多愚蠢的煩惱，必須吃更多的藥丸。有人說憂慮傷人，從生理學的觀點來看，是有一定根據的。

心理學家們認為，在我們的煩惱中，有百分之四十都是杞人憂天，那些事根本不可能會發生，另外百分之三十則是既成的事實，煩惱也沒有用，另有百分之十二是事實上並不存在的病狀，此外，還有百分之十是日常一些雞毛蒜皮的小事。也就是說，我們有百分之九十二的煩惱都是自尋煩惱。而就像梅耶醫生說的，真有人是愁死的。

蒙瑞斯就曾在星期雜誌上寫道：「我們常常縱容自己為一些不值一提的小事沮喪不已。事實上，想想人生幾何，我們何必介意那些可能一年後就沒有人會再介意的小事呢？何不讓我們把寶貴光陰用在可貴的感情、重大的思想、真誠的愛意以及恆久的事業上？畢竟「生命易逝，不容輕擲呀。」

這兒給你一個良好的建議：不要去煩惱那些你無法改變的事情，你的精神氣力可用在更積極、更有建設性的事情上面。如果你不喜歡自己目前的情況，別坐在那兒煩惱，起來做點事吧，設法去改善它。多做點事，少煩一點，就能輕鬆愉快，享受幸福時光。

十七、把失敗歸咎於天注定

有時事情做不好或失敗，你會追根究柢找出原因嗎？

是不是因為你習慣性地將失敗的原因歸咎於自己「先天不良」，才使你一再跌倒，爬不起來？事實上，成功者的才能幾乎都是靠後天獲得的，整天抱怨先天條件不如人的人，永遠只能原地踏步，無法進步。

我就曾認識一個這樣的青年，他嚮往成功，想開創自己的事業，可是他又不願去做，問他為什麼，他只是感嘆沒有資金。後來他的父母為他籌集到

了資金，他便放手去做，可由於初涉商海，經營不善，最終血本無歸，失敗了。於是他從此以後就失去了起初的志向，在家無所事事，你問他為什麼，他會告訴你：「命苦啊！資金太少，不夠周轉，做什麼也不會成功，這輩子我是注定不會成功了。」

像這青年這樣實在是要不得，一味地將失敗歸咎於天注定是多麼地愚蠢、多麼地不思進取，這樣的人恐怕只剩下等死的份了。

第二輯 一分鐘改變生活

我走進了樹林中，因為我希望慎重地生活。只去面對生命中最重要的事，盡可能不去學那些泛泛一般的事，在我臨死時，才不會發覺我根本就不曾真正地生活過。——梭羅

▌十八、只賺錢不省錢

有一種理念可以使你儘管沒有比爾・蓋茲那樣多的財富，但同樣可以過著一種舒適的生活。

對許多節儉的行為，很多年輕人是不屑一顧的：省能省下多少錢？只有賺出來的百萬富翁，沒聽說有省出來的百萬富翁，只有賺錢才是硬道理。

首先要說明的是，這種看法並非完全錯誤，只是太片面了。

在今天這個社會，積聚財富的速度已遠遠超出了人們的傳統想像力。比爾・蓋茲十餘年間賺到的財富可以與一個國家的財富相提並論；小超人李澤楷一夜之間，讓老超人李嘉誠數十年的辛苦經營黯然失色……新興行業的新貴們似乎已經改寫了世界的進程和原有的經濟規律。

我不反對你向比爾・蓋茲、李澤楷等人學習，可是問題是：你可能永遠無法像他們那樣以比印鈔票還要快的速度賺錢，你也許只能賺那份雖不多但也不少的薪水，老老實實地養家餬口。人人都想最大限度、最快速度地去開源，但也許你的運氣並不那麼好，所以不放棄你開源計畫的同時，最好還是聽聽節流的忠告。

（1）不僅是你賺來的，就是你省下的也能使你富有（當然比爾・蓋茲等人除外，也許他們賺的錢無論怎麼揮霍都花不完了）。

（2）賺來的只是收入，省下的才是利潤。

為了說明這二條忠告，我們來做個分析：假設你月收入五千元，如果你維持日常所用，應酬、娛樂等各項開支是六千元，那麼你負債一千元；如果

你只花了四千元，那麼節餘一千元。如果你維持在這樣的水準上，那麼在你的總收入中，成本開支（生存、娛樂、工作等項）為百分之八十，利潤率僅有百分之二十。

進一步假設，如果你善於管理和經營，在維持生活品質的情況下採取了一些節約成本的措施，每月節省五百元，那麼就相當於每月多收入了五百元，或者你的利潤率上升為百分之三十。

再進一步假設，如果你善於投資，可以用這些利潤去投資股票等，如能保持百分之二十的年報酬率，長此以往，又將如何？可以肯定的是，子女教育、退休養老等問題不會再讓你頭痛。

由此可見節儉的重要。所以我們必須改掉不屑節儉的觀念，從現在開始節儉生活，培養自己愛節儉的好習慣。

十九、拖拖拉拉坐失良機

一個人需要忠於自己的良心來做真切的剖析與告白，才能活得自由自在。

一般人之所以會拖延一些較為重要的事物，多半是因為來自於害怕做不好，而懷疑自己的能力。但是，如果連幾分鐘就可以搞定的小事也是一拖再拖，其動機就不只是這麼單純了。這種狀況通常與注意力的集中與否有相當大的關聯。

因為，當我們手頭上總是有一些未完成的瑣事時，往往就會因為不斷地東摸西摸，來分散掉真正所應該注意，但卻不願去面對的事物注意力。如此一來，大部分的時間，自然就可以有藉口來以較省力的方式，處理一些極其簡單的事物，這就是惰性使然所造成的結果。

這種行為模式的影響是多方面的。表面上，我們會告訴自己或他人：我之所以這麼拖拖拉拉，是因為有太多重要的事等著我去做，所以，我根本沒有時間來做這些瑣事！但是實際上，你不但一堆瑣事放著不做，連所謂重要的事也不見得有什麼進展；而其結果，常常會以看一整天的電視作為收場，根本什麼事都不想做！

▌二十、稍有挫折信鬼信邪

生活中我們一直都提倡反對迷信，相信科學，可是由於迷信之風由來已久，要想改變也非易事。但迷信的確是一種壞毛病，不徹底根除，害人不淺。

迷信，一般指信鬼信邪。從心理學上來說，指人們對內心中認為生命個體（或生命群體）有支配力量的神靈的畏懼和遵循狀態，是人們在社會生活中遇到不可認知之物而無所適從，或遇到難以克服的挫折和障礙時所表現出來的聽命於鬼神的認同，祈求以改善自己命運的一種信仰和行為。

王某，女，二十一歲，無業。多次聚眾參與迷信活動，被警察單位收容審查，不知悔改。她最近又參與迷信活動，為一生病的六歲女孩治病，結果延誤病情導致女孩死亡。雖然她不是主謀，但為此自責，自願來心理診所，要求心理醫生給予幫助。王某向心理醫生做了如下自述：

「我的父母學歷不高，歷來相信命運，說自己今生受窮都是前世修來的，還請了算命先生給我算命。後來我從算命書上瞭解到，人都有四柱八字，四柱就是年柱、月柱、日柱、時柱，每柱都處於一定的天干地支，把每個人出生年份的干支、月的干支、日的干支、時的干支湊成八個字，就是八字。據八字可以推算人的吉凶禍福，每個人的命運都在出生時就決定了。你說玄不玄？本來一開始我也不相信的，但在十八歲那年，我身患痼疾，聯考落榜，又加上失戀，到廟裡去求了個籤，求人解了，還真神，每條都說中了。於是，我真的相信了這世界上有神靈。你看，如今我仍穿著紅襪，掛著護身符，只要我虔誠，神靈一定會保佑我的，如不敬重神靈，就會被五雷轟頂。」

王某因生活挫折導致其迷信心理，表現為輕信妄言、受騙上當，相信人的命運在出生時就決定了，相信求籤的靈驗，相信披紅掛綠的驅災、避邪，相信「不敬神靈，就會五雷轟頂」。迷信是一個人的病態心理，它是愚昧無知的行為，必須加以矯正和制止，否則終會害人、害己、危害社會。

▌二十一、目標不切實際

對於自己的期望較高，往往也是督促自已邁向成功之路的重要原動力之一；但是，如果當初所設定的目標根本就不切實際的話，往往會適得其反。

一個理想主義者，對自己的期望甚高，卻沒有想過：有時候，這期望其實是遠遠地超過自己的能力；所以就算已經全力以赴，但是對於自己的努力不但從不感到滿足，反而一再計較那些非自己能力所及，以致於搞砸的部分，因此，人生就這樣陷入無止境的現實與理想的戰爭之中，最後的結果，往往是搞得整個人身心疲憊。

一般來說，大多數有這種自我期望甚高，且又習慣於苛刻地要求自己的人，多半是因為極度缺乏安全感所致。潛意識中總是認為自己怎麼做都不好，怎麼做都不對，由於擔心別人對自己的表現會有負面的評價，故以自我苛求來掩飾內心的不安。

因此，若要解決此難題，所要面臨到的最大敵人，其實就是自己。

仔細回想一下，在童年的時候，是否有下述的這些經驗：不論是師長或是父母，總是認為我們做得不夠好？當我們帶著考了九十五分的考卷，高高興興地回家時，不但沒有被稱讚，反而還被父母斥責說，為什麼沒有考到一百分？有沒有被父母期望像哥哥一樣，在學校成為一位叱吒風雲的足球選手？或是我們曾經立下宏偉目標，要在二十五歲的時候成為一位百萬富翁，但是迄今卻仍身無分文？

事後，我們就會發現，許多長輩或是自己加在自己身上的期望，是不是真正能夠讓自己感到驕傲與成就；我們是為考了九十五分感到高興？還是必須承受考到一百分的壓力，然後當父母親高興了之後，自己才會覺得高興？因此，請從理想的期望中甦醒過來吧！凡事盡力而為，如此也不會給自己太大的壓力。

以積極鼓勵的方式，取代批評不滿的情緒，來對自己全力以赴之後的表現評分。

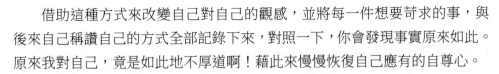

借助這種方式來改變自己對自己的觀感，並將每一件想要苛求的事，與後來自己稱讚自己的方式全部記錄下來，對照一下，你會發現事實原來如此。原來我對自己，竟是如此地不厚道啊！藉此來慢慢恢復自己應有的自尊心。

大千世界，無奇不有，用你的慧眼去努力捕捉每一次機會，因為它就在你身邊。

人生最大的憾事是機會擦身而過，而使你一無所獲；人生最狂的驚喜是機會迎面撲來，而使你命運亨通。在機會來的時候，切忌捨本逐末！

二十二、家中缺少溝通

感冒不會有什麼大的危害，用藥物就可以治好，而嘮叨卻是一種頑固的精神疾病，很可能會使全家人的生活不愉快。

有一位妻子向朋友訴苦，因為她經常向丈夫嘮叨著催促他修理東西，而丈夫老是拖著不做，又不放心她找修理工來修，一來為了省錢，二來覺得別人不如他修得好。朋友建議他們定個協議，當家裡有東西需要修理時，就給他十五天的時間去修，而且把日期記在日曆上，免得到時找藉口說忘了，一個月之後那位妻子很開心地告訴朋友，只有一次是她找工人來修的。

的確，很多時候，在家庭生活中訂立規則常常可以解決夫妻之間的衝突，這就是解決嘮叨的第一種方法。

其次，解決嘮叨的第二步是，看看是否事事嘮叨，不論輕重緩急。是的話，就要設法略去不重要的事，而只對重要的事訂立規則。換句話說，家裡如果有人常愛嘮叨，就讓他對重要的事制定規則，以除掉不好的行為，同時除掉嘮叨。

其三，第三步就是分析其中的溝通過程，溝通一定要清楚具體，避免含糊不清。千萬不要接受：「我等一會兒再做」或「我有時間再做」的回答，這種回答最容易引起嘮叨。例如家務勞動，要明確要求在某個時間內完成，並說明否則將會有什麼後果。

其四，要常常開家庭會議，或小型討論會。利用這個機會來討論哪些事情要做，應在什麼時間做等等，並檢討拖延未做的事。

其五，檢查一下夫妻或父母子女之間的關係是否已到了惡化的地步，是的話，光靠前面幾種方法來解決嘮叨還是沒有用，必須借助心理治療，以解決根本問題。

最後，這是最實用的一點，在孩子耳邊用悄悄話告訴他要做什麼事，通常很有效。這種舉動顯示出生活上的親密感，讓孩子覺得心裡很舒服。有時候也要給他留點面子，不要當著兄弟姐妹的面說他。同時孩子對這種「祕密訊息」很感興趣，也能增加他的自我重要感。

▌二十三、無頭蒼蠅般亂撞

貪心的人走不回來，是因為貪，然而現實生活中還有一類人，他們不貪，可是也走不回來。

有一次，我要在客廳裡釘一幅畫，請鄰居來幫忙。畫已經在牆上扶好，正準備釘釘子，他說：「這樣不好，最好釘二個木塊，把畫掛上面。」我遵從他的意見，讓他幫忙去找木塊。

木塊很快找來了，正要釘，他說：「等一等，木塊有點大，最好能鋸掉點。」於是便四處去找鋸子。找來鋸子，還沒有鋸二下，「不行，這鋸子太鈍了，」他說，「得磨一磨。」

他家有一把挫刀，挫刀拿來了，他又發現挫刀沒有把柄。為了給挫刀安把柄，他又去校園邊上的一個灌木叢裡尋找小樹。要砍下小樹，他又發現我那把生滿老鏽的斧頭實在是不能用。他又找來磨刀石，可是為了固定住磨刀石，必須得製作幾根固定磨刀石的木條。為此他又去找一位木匠，說木匠有現成的。然而，這一走，就再也沒見他回來。當然了，那幅畫，我還是用一個釘子把它釘在牆上，下午再見到他的時候，是在街上，他正在幫木匠從五金商店裡往外搬一台笨重的電鋸。

　　工作和生活中有好多種走不回來的人。他們認為要做好這一件事，必須得去做前一件事，要做好前一件事，必須得去做更前面一件事。他們逆流而上，尋根探底，直至把那原始的目的淡忘得一乾二淨。這種人看似忙忙碌碌，其實，他們也不知道自己在忙什麼。

二十四、一天到晚牢騷滿腹

　　惡劣情緒與病毒和細菌一樣具有傳染性。

　　美國洛杉磯大學醫學院的心理學家加利‧斯梅爾的長期研究發現，原來心情舒暢、開朗的人，若與一個整天愁眉苦臉、抑鬱難解的人相處，不久也會變得情緒沮喪起來。一個人的敏感性和同情心越強，越容易感染上壞情緒，這種傳染過程是在不知不覺中完成的。如果一個情緒並不低落的學生，和另一個情緒低落的學生同住一間宿舍，這個學生的情緒往往也會低落起來。在家庭中，如果某人情緒低落，他們的配偶最容易出現情緒問題。

　　在現實生活中，失敗者往往對自己的前程失望悲觀，他們不喜歡自己的工作和所處的環境，總以為周圍的人都是又虛偽又愚蠢，他們對任何事情都覺得鬱鬱寡歡，卻又把自身的失意和無聊傳染給周圍的人。

　　要想成為一個成功的人，生活中一定要避免發牢騷。

　　牢騷會讓人覺得你太刁鑽。愛發牢騷的人，很難與人友好交往，即使他並沒有直接說對方不好，但他那萬事皆不如意的心態，讓人很難與他找到共同語言。久而久之，人們還會覺得此人太「刁」，難以相處，常常避而遠之，偶有接觸，也只好含混回答敷衍了事。

　　牢騷會阻擋你前進的腳步。任何人都有粗心大意的時候，犯錯時理應承擔錯誤，如果只是擔心自己的實力被人低估，所以想盡量用牢騷來武裝自己、爭取旁人的肯定，這種人將無法獲得真正的成長。人的一生如潮起潮落，起伏難定。當年林肯一生坎坷，屢受挫折，誰能相信這位鞋匠的兒子能成為歷史上最偉大的總統之一呢？比爾‧蓋茲中途輟學時，誰會想到他能成為世界首富呢？這樣的例子多得數不勝數，世界上什麼樣的奇蹟都可能發生，其前

提只有一點：我還活著，我努力行動，我有信心，這才是人一生中最最寶貴的財富。

如果一旦傳染上惡劣情緒，該怎麼辦呢？

設法消除產生惡劣情緒的問題，如在低落情緒中無法自拔，就應去看心理醫生。

對事態加以重新評估，不要只看壞的一面。

提醒自己不要忘記其他方面取得的成就。

不妨自我犒賞一番，如去餐廳吃一頓美食或是去逛逛商店。

考慮一下今後如何避免發生類似的問題。

結交那些希望你快樂和成功的人，你就在追求快樂和成功的路上邁出最重要的一步。

把自己目前的處境與過去比較一下，盡量找出勝過過去的地方。

總之要看到生活中光明的一面，不要讓自己被煩惱困擾。牢騷、壞的情緒都是影響自己的壞毛病，只要你方法得當，就一定能遠離它，擁有快樂的生活。

二十五、時間沒有價值

人生最寶貴的是生命，而時間是組成生命的單位，所以時間也是最寶貴的。時間就是生命。我們每個人都或多或少具有珍惜時間的意識，可是在生活中不自覺地，在不經意間你的時間就被「賊」偷走了。

電話。長話短說，只談重點。在午餐前或別人事情沒做完前打電話，這樣就不會聊個沒完。

不速之客。這種人通常也就是常會問你：「有沒有時間？」然後就聊上幾個鐘頭的人。你應該清楚地告訴別人，你何時有空、何時在忙，或用肢體

語言打退那些愛講話的頑固分子，比方說站起來活動，而不是舒舒服服地坐著，讓他對你進行浪費時間的疲勞轟炸。

做事沒組織性。生活中做事如果缺乏計畫，常會導致事做了不少，可是重要的事卻一件未做。這就需要你處理事情時做到簡單、清楚、主從分明。

不會說「不」。你是否怕得罪人？你肩上的擔子是否超過了你的負荷能力？先瞭解自己有多少時間，然後決定是否接下別人的請託。若是超過負荷，要勇敢而且禮貌地說「不」。

細想一下，生活中竊取時間的賊真的很多，時間一分一秒流逝，生命也隨之而去，也就難怪許多人都感嘆「光陰似箭」了。

▋二十六、不懂如何傾聽

要想瞭解別人，你就必須傾聽別人的意見。真奇怪——我們大多數人都不懂得如何去傾聽別人。

別人說話的時候我們很少去注意聽，因為我們常常急於做出反應、妄加判斷，或是以我們自己的習慣性思考思索他人的話。我們在傾聽時經常會表現出以下四種壞習慣：

走神；

假裝在聽；

時聽時不聽；

以我為中心地聽。

走神指的是在別人說話時心裡卻在想著別的事情，也許別人的話中有許多非常重要的內容，可是我們卻只想著自己的問題。也許你並非有心，但這樣只會讓別人留下不尊重的壞印象。

假裝在聽的現象更為普遍。雖然我們並沒有去注意別人在說些什麼，但是我們卻裝出一副在認真聽的樣子，時不時還在關鍵之處發出一些「噢」、「啊哈」、「酷」、「高見」等看似深刻的感嘆。

時聽時不聽指的是你只聽你感興趣的部分。比如你的朋友想告訴你他那當兵的弟弟才華橫溢，他在弟弟的陰影下感到多麼自卑時，而你只聽到了「軍隊」兩個字，嘴裡卻說：「噢，軍隊！近來我一直在想著軍隊的事。」由於你只說自己想說的事，而不是別人想說的事，很可能你永遠都無法和別人結成長久的友誼。

以我為中心地聽指的是我們總是從自己的觀點出發，而從不考慮別人的意見，卻希望別人從我們的觀點出發來考慮問題。這就是為什麼會出現諸如「噢，我清楚地知道你的想法」這類句子的原因。我們並不清楚他們怎麼想，我們只知道我們怎麼想，我們只是在設想他們和我們想的一樣。

以我為中心地聽，只會使別人不願敞開心扉，不願與你談話。

牢記這四種傾聽的壞毛病，試著改掉它，將會使你有好的人際關係，擁有互通心靈的好夥伴，記往：只有善於傾聽的人，才能被人傾聽，得到尊重。

二十七、被時尚壓迫

那是一個舉座皆驚的時刻，美麗的少女輕輕地從包中取出奶瓶放到嘴邊的動作，瞬間牽引了無數人的目光。而女孩卻平靜地說：「太普遍了，這就是時尚。」

時尚是什麼：時尚是指當時的風尚，流行的東西。

蘇頓認為：時尚的東西可能是最耀眼、最熱鬧的東西，卻未必是最好的東西。時尚不是真理，沒有必要被我們視為生活的理想，更不必要刻意地去追求。當你冷眼看時尚的時候，會發現時尚其實是一種很無所謂的東西，不會影響生活的品質，如過眼雲煙。

時尚不是根本的生活原則，許多人卻不遺餘力地去追逐，這說明了許多人只是虛榮心在作怪。虛榮心誘發奢望、貪婪和不擇手段，導致道德、羞恥觀念的異化，把生活的方法和途徑當成了生活的目的，真實的生活便離我們越來越遠了。

梭羅說：「我走進了樹林中，因為我希望慎重地生活。只去面對生命中最重要的事，盡可能不去學那些泛泛一般的事，在我臨死時，才不會發覺我根本就不曾真正地生活過。」

所以在這裡提醒大家：千萬別被時尚迷了心竅，喪失了自我。只要你擺脫了時尚的壓迫，你才能活得更快樂、更真實。

▋二十八、躲在面具後生活

我們為何要經常躲在面具的後面？我們躊躇於表現自己和保護自己的衝突之間，我們也長久地在追求功名、保持隱私之間掙扎與矛盾。

我們每個人都隱藏了些自己認為害怕或羞恥的事，也總是試著用各種方法表達歉意或自圓其說，由於我們不願意把這一部分公開，所以為自己築了道圍牆，將別人阻隔在牆的外面。有些人崇拜像詹姆士・龐德這種情報員式的英雄，他們堅強、自立，不表露情緒且與人疏遠。有些人認為如果自己孤芳自賞就會受到別人的敬畏，有些人的確會崇拜這種特質，但是，崇拜並不一定能帶來友誼。

戴面具的另一個重要理由是：我們害怕遭到拒絕。我們害怕敞開自己之後朋友卻走開了，自己也受到很大的傷害。我們害怕朋友看到我們真實的一面，會讓他們厭惡。

然而，許多專家都發現，自我開放其實會吸引更多的朋友。有些人總是試圖掩藏自己卑微的出身，事實上，只有當他們能誠實面對別人時，才能與別人更接近，並建立更親密的關係。

教宗保羅八世之所以到處受歡迎，部分原因是由於他完全不掩飾。他一生都很胖，而且出身於貧苦的農家，但他從不掩飾外貌與出身的缺陷。在他當上教宗後，有一次去羅馬的一所大監獄，在他祝福那些犯人時，他坦誠地說他這一次到監獄是為了探望他的侄子。很多人認為他是耶穌的化身，因為他除了知道怎樣分享別人的苦樂之外，另一個原因就是他「不戴面具」。

你是否曾有過和某人一見面，便不由得心情愉悅，並有和他進一步交談的動機呢？

有些人對他交遊廣泛，感到很不可思議，其實博得人緣的祕密除了實力這個因素外，就是在於一個人是否有魅力。

魅力並非一朝一夕就能營造，它是由許多因素共同構成的，其中最重要的是要從體諒別人的心去學習成長，如此才能得到眾人真心的喜愛。而要達到這個目標，說穿了其實很簡單，先決條件就是「脫掉面具」！

二十九、越無聊越煩躁

等公車的時候，許多人都會習慣性地朝著車來的方向張望，眼睛瞪直了，脖子也酸了，可是車子就是不來，真是讓人非常焦急。

不知道你見過沒有，我就曾見過這樣一件事：

一個約二十來歲的年輕人在車站等車（當時我就站在他身旁），他抽了兩支菸，可是車依舊未來，他越發顯得沒有耐性，最後你猜發生什麼事？他一腳踹向路旁的垃圾桶，桶翻了，他一手捂著腳，一邊還破口大罵。真是不巧，被管理員發現了，當場開罰，被罰了二十元。真是好氣又好笑。

事實上，等車不必那麼無聊，拿本書出來讀不是更好？

哪怕只有短短的幾分鐘，也能讀上幾頁，學到點東西，你也就賺到了幾分鐘。反之，呆呆地等車，隨著時間的推移，你也就或多或少產生與那位年輕人一樣的浮躁。

所以，等車時不要直盯著車來的方向，做那些沒有意義的事情。做一些諸如讀書、看報或聽音樂等有益和放鬆的事情。這樣，你就不會意識到是在等待，而是在做一種有意義的事。反之，你則會越有被時間捉弄、被惹惱的感覺。

三十、胖從口入的五個壞習慣

也許你正受肥胖困擾，那你有沒有想過，你的肥胖是由生活中一些不良的飲食習慣引起的呢？下面介紹五種胖從口入的壞習慣，希望能對你有所幫助。

（1）邊工作邊吃東西

工作可能是肥胖的雙重誘因：壓力和對高熱量食品的渴望。

攻克：首先，注意飲食間隔的規律性，這能使你不致於過度飢餓，從而更易於堅持健康飲食。不要讓壓力使你不自覺地吃東西。當你感覺自己需要休息一下的時候，不妨多鍛鍊。

（2）邊煮飯邊吃東西

很多人煮飯時，習慣把切的熟肉和手邊的各種吃食隨手放進口中。邊煮飯邊吃的壞處在於，你並沒有感覺已經吃了東西，於是，你接著又正式地吃了一頓飯。

攻克：對付這個最有效措施是，確保你在準備飯菜時，不是非常餓。因此，要培養下午加餐的習慣。而且，站著吃容易讓你的進食失控，用碗或碟進食，也比直接從包裝袋或盒中掏著吃要好，因為大的容器會使你更傾向於多吃。

（3）邊看電視邊吃東西

拿幾片洋芋片，吮幾口冰淇淋，這幾乎成了有些人打開電視後的習慣動作。

攻克：為了使這種「電視條件反射」短路，你不妨打開電視後，先往嘴裡放塊無糖口香糖。如果你實在想吃點什麼，那麼就吃胡桃吧。

（4）和孩子一起吃東西

吃完飯後，孩子又剩飯了。雖然你已經吃飽了，但還是把孩子的剩飯吃掉。

攻克：如果你的孩子經常剩飯，那麼很可能是你家的碗盤太大了，換一套更小些的碗盤吧。另外，給孩子加飯前，先問問他要多少，然後再幫他少盛一些。

(5) 在外面吃飯

與其他人一起吃飯時，人們傾向於吃更多的東西，因為這時你的注意力並不在吃上，而是在交談方面。

攻克：點那些你無法快速進食的菜，如熱湯（你必須一點一點地吹著喝）、辛辣食物（你無法大口吞嚥），以及那些你必須同時用雙手才能進食的東西。如果你很餓，那麼不必等主菜上後再叫主食，這可以避免你在等待的過程中，又不知不覺地吃下許多東西。

生活中不良的飲食習慣還不只這一些，但你也不要氣餒，只要你做一個生活的有心人，你一定能發現這些不良的壞習慣，健康快樂地生活。

三十一、損害形體的壞習慣

為了保持顏面的青春健美，大家都知道使用各種護膚保養品。但是，一些不為人注意的壞習慣，竟會破壞你端莊的面容，這一點，知道者卻不多，應引起人們的重視。

俯睡：俯睡增加胸部、面部、肺部及心臟的壓力，妨礙血液循環，可能導致面部浮腫、眼現血絲、面色難看。

抓頭：用髒指甲抓頭，特別是在洗頭時用力隨便亂抓，易在頭皮上劃下傷痕，容易產生發炎，有損頭髮的健康生長。

咬物：啃指甲、咬下唇，易使口腔上頜的門牙突出，下顎的前牙後退，影響牙齒的整齊美觀，還會使手上和口腔中的細菌交叉感染。

皺眉：瞇縫眼、皺眉、撇嘴的習慣，會導致臉部皮膚產生橫豎魚尾紋，眼角易起皺紋，且眼角緊張，易疲勞，還會引起頭痛。

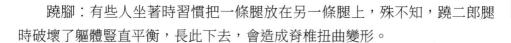

　　蹺腳：有些人坐著時習慣把一條腿放在另一條腿上，殊不知，蹺二郎腿時破壞了軀體豎直平衡，長此下去，會造成脊椎扭曲變形。

　　挖鼻孔：鼻腔是清潔、濕潤吸入肺內空氣的門戶，長在鼻腔前端鼻毛的作用是過濾空氣中較大顆粒的塵埃使之無法進入鼻腔。如果經常挖鼻腔，使鼻孔越來越大，甚至朝天，原本端正的鼻子就變得難看了。另外，挖鼻孔會挖掉鼻毛，損傷鼻黏膜，引起發炎，影響對吸入空氣的清潔作用。

　　擠粉刺：這種壞習慣很容易造成感染，留下疤痕，也延長了粉刺在臉上的時間；甚至不自覺地觸摸臉部，也會刺激粉刺冒出頭來。最好用吸油面紙或蜜粉去除臉上分泌過多的油脂，眼鏡和臉部接觸的部分也應常用酒精擦淨。

　　拔鬍鬚：拔鬍鬚容易引起毛囊發炎，久了之後毛囊受到破壞，鬍鬚就不會再生長，這反而減去你男子漢的魅力。眾目睽睽之下拔鬍鬚，也有失風度，因此，鬍鬚宜剃不宜拔。

三十二、導致「毀容」的六大殺手

　　「毀容」聽起來令人恐怖，但生活中的一些壞毛病都是導致你「毀容」的殺手，下面我就列舉生活中導致「毀容」的六大殺手，希望你能引以為戒。

　　(1) 不要用手撐臉，這樣產生的皺紋會成為永久性的。

　　(2) 不要顯出無精打采的樣子。坐立要直，好的姿勢對於保持頸部的年輕狀態十分有益。

　　(3) 不要只用一側牙齒來咀嚼食物。若牙齒有問題，快去找牙醫診治。單側咀嚼會讓另一邊面部肌肉退化，造成臉型不對稱而影響美容。

　　(4) 不要大笑到使皮膚向太陽穴方向移動的程度，將導致眼睛周圍有皺紋。

　　(5) 平時最好不要瞇眼，因為瞇眼的習慣會造成眼部周圍的皺紋增多。

　　(6) 當說話或做表情時，不要閃動眼睛或向上運動眉毛。前額及臉部的端正、平滑和放鬆會使您的皮膚保持光滑潤澤。

愛美之心人皆有之，這是非常正常的心理。生活中關注自己的容顏無可厚非。但記住：要想讓自己容顏更美麗，得從自己的生活開始，戒除生活中有損容顏的壞毛病，讓導致「毀容」的殺手遠離自己。

三十三、有損大腦健康的壞習慣

生活中，有些人的某些習慣常常是有損健康的壞習慣。

不良的生活習慣有時甚至有損大腦的健康，不知你注意到沒有？

飽食終日：國外一些營養學家告誡人們，吃太飽會損害大腦的功能，使大腦遲鈍，甚至早衰。經常進食過飽，可使一種叫纖維母細胞生長因子的物質增加數萬倍，而此因子是腦動脈硬化的原因之一。

疲勞思維：長時間的強化用腦會使大腦消耗過大，導致腦功能弱化，從而使皮層下自律神經中樞受到制約，時間久了往往導致自律神經功能紊亂。

情緒抑鬱：情緒是影響智力活動的重要因素，情緒低落、精神抑制、焦慮不安時大腦會變得遲鈍，久之會加速腦衰老進程。

菸酒刺激：大量吸菸雖可提高腦的興奮性，但卻會使腦的興奮和抑制過程發生紊亂，量過多還會損害大腦皮層。飲酒成癮也可能造成智力下降、記憶缺損、手指震顫等。

三十四、使大腦變鈍的不良習慣

隨著生活節奏加快，現代人普遍感到頭腦疲勞。為了保持年輕而充滿創造力的頭腦，必須避免諸多生活上的壞習慣，如不正常飲食、不願動腦、蒙頭睡覺、帶病用腦等，因為這些壞習慣會導致大腦變遲鈍。那麼，這些壞習慣都有哪些呢？

（1）輕視早餐。不吃早餐會使身體和大腦得不到正常的血糖供給。大腦的營養供應不足，久而久之對大腦有害。此外，早餐品質與思維能力也有密

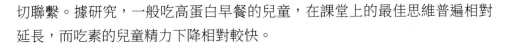

切聯繫。據研究，一般吃高蛋白早餐的兒童，在課堂上的最佳思維普遍相對延長，而吃素的兒童精力下降相對較快。

（2）甜食過量。甜食過量的兒童往往反應能力較低，這是因為兒童腦部的發育離不開食物中充足的蛋白質與維生素，而甜食會損害胃口，降低食慾，減少對高蛋白和多種維生素的攝入，導致身體營養不良，影響大腦發育。

（3）睡眠不足。大腦消除疲勞的主要方式是睡眠。長期睡眠不足或睡眠品質太差，會加速腦細胞衰退，聰明人也會變得糊塗。

（4）少言寡語。大腦有專司語言的功能區，經常說話尤其是多說一些內容豐富、有較強哲理性或邏輯性的話，可促進大腦這些功能區的發育。整日沉默寡言、不苟言笑的人，就像「用進廢退」一樣，這些功能區會退化。

（5）不注意用腦環境。大腦是全身耗氧量最大的器官，只有保證充足的氧氣供應才能提高大腦的工作效率。因此用腦時，要特別講究工作環境的空氣衛生。

（6）蒙頭睡覺。隨著被子內二氧化碳濃度升高，氧氣濃度會不斷下降。長時間吸進潮濕的含二氧化碳濃度高的空氣，對大腦危害極大。

（7）不願動腦。思考是鍛鍊大腦的最佳方法。只有多動腦，勤於思考，人才會變聰明。反之，越不願動腦，大腦退化得越快，聰明人也會變愚笨。

第三輯 一分鐘改變工作

天生我才必有用，懶懶散散只會為我們帶來巨大的不幸。不努力工作的人，本來可以創造輝煌人生，結果卻與成功失之交臂，不能不說是一巨大的遺憾。就如一個農夫，既有可能成為華盛頓之類的人物，也有可能終日忙於農事。

三十五、不把工作帶進家

對於一個人來說，事業與家庭是人生的兩大支柱。然而，這兩個支柱之間，卻往往存在著矛盾。

要正確處理家庭和事業的矛盾，有一條很基本的原則，那就是：不把工作帶回家。

不把工作帶進家，意味著你不把煩惱帶回家，這樣可以使自己的家庭生活和諧快樂，反過來更加有力地推動事業發展。

每天，工作壓力都在動搖著都市人們的婚姻生活。各種研究表明，百分之二十五到百分之四十的人認為工作壓力太大，有百分之五十六人的配偶因此也跟著倒楣。心理學家認為，壓力是一種極具傳染力的東西，除非採取措施，否則它可能會破壞婚姻生活。配偶的某些工作狀況變化，如在工作中的職責變化——升遷、降級、責任增加——通常會在心理上為另一方造成深刻影響，加重另一方的壓力。而且大多數時候來說，另一方處境更不容易，因為他（她）只能在一旁著急。如果協調不好，夫妻之間終於會有對抗的一天，你的另一半也許會埋怨你沒有把家放在首位。

因此，一個人上班工作，下班還在家裡討論工作，那就太可笑了。

現今生活節奏快，家庭裡的每個成員為了給自己生活一個保障，常常把時間花在進修或工作上，所以跟家人相處的時間就減少了。在這種情況下，每個家庭成員更要極力爭取與家人相處的時間。要知道，「有沒有錢並不能衡量你是不是成功的人，你要在能力範圍內去做，不能因為別人有大洋房住

你也要。因為洋房裡的溫暖，不是由裡面的那些磚塊拼成的，而是由家庭成員去共同營造的。」

生活中的確有苦惱，我們也可以向家人訴說，但卻不能把苦惱全部轉移到家人身上。

要知道，家是你溫暖可靠的後方，我們應該用心呵護它，當你工作了一天，打開家門的時候，就應該把工作中的不快樂拒之門外，帶一份好心情回家。

不把工作帶進家，意味著你可以在家庭的溫暖中使自己得到充分的休息，以更好的狀態投入明天的奮鬥。

人生幸福的大部分內容是家的溫暖，有一個幸福的家，我們的人生就可以如天上的那輪明月圓滿而無憾。

三十六、辦公桌上亂七八糟會影響工作

芝加哥和西北運輸公司總裁羅蘭·威廉斯說過：「那些桌上老是堆滿東西的人會發現：如果你把桌上清理乾淨，只保留與手頭工作有關的東西，這樣會使你的工作進行得更加順利，而且不會出錯。我把這一點稱為好管家，這也是提高效率的第一步。」

詩人波普也曾在華盛頓的國會圖書館天花板上寫過「秩序是天國的第一要律」的名言。

秩序也應是工作中的第一要律。但事實果真如此嗎？只要我們稍加留心就會發現，很多人的桌上老是堆滿了文件和資料，可是有些東西一連幾個星期也不曾看一眼。

當你的辦公桌亂七八糟、堆滿了待覆信件、報告和備忘錄時，就會導致你慌亂、緊張、憂慮和煩惱。更為嚴重的是，一個時常擔憂萬事待辦卻無暇辦理的人，不僅會感到緊張勞累，而且會引發高血壓、心臟病和胃潰瘍。

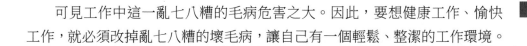

可見工作中這一亂七八糟的毛病危害之大。因此，要想健康工作、愉快工作，就必須改掉亂七八糟的壞毛病，讓自己有一個輕鬆、整潔的工作環境。

三十七、切忌做事不分輕重緩急

長期的工作經驗告訴我們：工作中有許許多多的事情，而一個人的精力卻是有限的。但如果我們工作中分清主從、先後，將有助於我們更好地做成事情。

遍布全美的都市服務公司創辦人亨利・杜何堤說過：「人有二種能力是千金難求的無價之寶：一是思考能力；二是分清事情的輕重緩急，並妥當處理的能力。」

查理・魯克曼經過十二年的努力後，被提升為派索公司總裁一職，年薪十萬，另有上百萬其他收入。他把成功歸功於杜何堤談到的二種能力。魯克曼說：「就記憶所言，我每天早晨五點起床，因為這一時刻我的思考力最好。我計畫當天要做的事，並依照事情的輕重緩急做好安排。」

全美最成功的保險推銷員之一弗蘭克・貝特格，每天早晨還不到五點鐘，便把當天要做的事安排好了，主要是在前一個晚上預備的他定下每天要做的保險金額，如果沒有完成，便加到第二天，以此類推。

由此可見，在工作中分清事情的輕重緩急是很重要的。雖然我們沒有人能永遠按照事情的輕重程度做事，但總比想到什麼就做什麼要好得多。

三十八、不要看不起自己的工作

無論你是工人、清潔工還是從事一些其它別的行業者，都不要看不起自己的工作。如果你認為自己的工作是卑微的、低下的，那你就犯了一個很大的錯誤。

羅馬一位演說家說：「所有手工勞動都是卑賤的職業。」從此，羅馬的輝煌歷史就成了過眼雲煙。亞里斯多德也曾說過一句讓古希臘人蒙羞的話：

「一個城市要想管理得好，就不該讓工匠成為自由人，那些人不可能擁有美德，他們天生就是奴隸。」

二十一世紀的今天，同樣有許多人認為自己的工作是卑下的，而無臉見人。他們每天工作，卻無法意識到工作的意義，只是因生活所迫而工作。這種輕視工作的人只能得過且過，甚至是在工作時提心吊膽，生怕遇見什麼熟人，而讓自己顏面盡失。

其實，工作本身沒有貴賤之分，只要你誠實地勞動與創造，就沒有人貶低你的價值，關鍵在於你如何看待自己的工作。看一個人是否能做好事情，只要看他對待工作的態度。而一個人的工作態度，更是他本人的性情與做好工作的前提，試想，誰會指望一個態度不端正的人做出什麼有價值的事呢？所以，瞭解一個人的工作態度，在某種程度上就是瞭解了那個人。

如果一個人輕視自己的工作，將它當成低賤的事情，那麼他絕不會尊敬自己。因為看不起自己的工作，所以倍感工作艱辛、煩悶，自然工作也無法做好。當今社會，有許多人不尊重自己的工作，不把工作看成創造一番事業的必由之路和發展人格的工具，而視其為衣食住行的供給者，認為工作是生活的代價，是無可奈何、不可避免的勞碌，這是多麼錯誤的觀念啊！

因此，我們千萬不能看不起自己的工作，每個人的工作都是有價值、有意義的。一個看不起自己工作的人，實際上是人生的懦夫，其實他本來可以創造輝煌，結果卻與成功失之交臂，這不能不說是人生的一個巨大遺憾。

▋三十九、千萬別讓情緒左右自己

誠然，有些人在做著不適於他們的工作。由於他們不喜歡所做的工作，而使工作變成一種苦役。一個把大部分精力投入工作的人所感到的喜悅，他們全都感受不到。

假如你不幸陷入了這種苦境，你就必須設法補救，因為，如果你對自己工作感到枯燥無味，你便很難享受到積極人生的樂趣了。

　　什麼事都盡量往好處想，絕不能鑽牛角尖。我們可以製造情緒，或者引導情緒，但不能被情緒牽著走。有句話說，如果你不能改變事實，就不如改變想法。

　　人一定要選擇自己喜歡做的事，即使賺錢也不例外，而且要「只問耕耘，不問收穫」，每天樂此不疲，這樣至少就已經成功了一半。

　　即使是事業成功人士，也常常聽到他們嘆息自己成功背後的苦惱，就是自己不得不應付繁忙的公務，或不得不周旋於社交場合，或為了應酬不得不放棄與家人團聚的美好時光，或礙於情面，不得不做有違心願的事。有時候，我們經常搖擺於情感與理性之間，有時情感戰勝理智，有時理智支配情感。當我們情緒走向極端的時候，理智往往無法控制它；當我們情緒比較平和的時候，理智卻很輕易地駕馭它。無論如何，我們都要記住一點：雖然情緒不能立刻控制理智，但卻能支配行動。因此，要調節行為，就必須從控制情緒開始。

　　做事情覺得非常愉快的人並不多，每個人對工作的好惡不同，假使能把工作趣味化、藝術化、興趣化，就可以把工作輕鬆愉快地做好。菲力有句話說：「必須天天對工作產生新興趣。」他所指的就是工作要趣味化、興趣化。人生並不長，因此最好盡量選擇適合你興趣的工作。工作合乎你的興趣，你就不會覺得辛苦。

　　千萬不要和朋友這樣談論自己的老闆和公司：「我要應付那些我不願做的事。為什麼一定要給那個討厭的工頭幹活。老闆一點也不瞭解我，信任我。」這樣你容易給人一種消極、愛發牢騷的印象，也會使你自己喪失上進的動力和興趣，阻礙你的發展。

　　不成功人士往往面帶一種厭世的表情。他們不喜歡他們的工作和他們生活的世界，懷疑他們周圍的人都是不誠實和愚笨的。他們把一切都看得那麼黑暗，並用他們自己對生活的絕望態度和無所寄託的頹喪情緒影響著他們周圍的人，這樣的人是最可憐、最可悲的。

▋四十、吹毛求疵和抱怨於事無補

如果你不知道自己工作的意義，不知道自己能勝任什麼工作，就不要抱怨自己沒有升遷的機會、老闆沒有人情味。

那些吹毛求疵、喜歡抱怨的人往往都是心胸狹窄、缺乏進取心的人。因為他們不努力工作，卻故意挑剔別人的小毛病，殊不知自己犯了工作中的大忌諱。

沒有人會喜歡吹毛求疵、喜歡抱怨的人。仔細觀察一下我們身邊的成功者，你會發現，他的升遷都是他們肯學肯做，不斷進取的結果，而主管也最喜歡肯學加腳踏實地的人了。反之，一個人缺乏工作熱情，就只能生活在抱怨之中，而永遠沒有成就。

有一句古老的格言這樣說：「如果說不出別人的好話，不如什麼都別說。」這句格言在現代社會更顯珍貴。

「好事不出門，壞事傳千里」，在我們面前搬弄是非的人，也一定會在他人面前非議我們。一來一往容易滋生是非，影響公司的凝聚力。與其抱怨對公司與老闆的不滿，不如努力欣賞彼此之間的可取之處，這樣一來，你會發現自己的處境大有改善。

所以，工作之中切忌吹毛求疵、抱怨嘮叨，這樣的人只會引起別人的反感，永遠無法成功。抱怨是無濟於事的，讓自己有點真本領，才是真正的成功之道。

▋四十一、專注工作可以忘掉一切煩惱

許多人最大的毛病便是：常常以為自己是被注意的中心，然而實際並非如此。當我們戴一頂新帽子或穿一件新衣，總以為引人注目了，其實這完全是自己的臆想。別人或許也正和我們一樣以為自己正受到他人的注目呢！如果真的有人注意我們，那大概是因為我們的自我感覺使自己表現出一種可笑的態度，而不是由於衣服。

同樣的原因也可以應用在許多別的情形上。如果某人十分專心於他的工作，你絕無法使他感覺不安，因為他甚至不覺得有人在身旁。假如有人看你工作，你便覺得不安，解救的方法是專心去做得更好些，而不要勉強克制自己的不安。如果你曉得自己做得很好，人家看你時便不會感覺不安；這種不安是因為你怕工作做得不好，怕弄出錯誤，怕別人看出你祕密的思想，於是引起你臉紅手顫，聲音顫慄，這些行為都是你怕顯露出來的，但是正因你害怕才越發顯露出來。

有一次，一群中學生想戲弄一個女孩子，他們曉得她的自我感覺最敏銳。她在一個禮堂裡彈琴，於是他們故意坐在使她可以看見他們的一邊，從正面注視著她。他們並不奇裝異服，也不笑，也不說話，只專心地注視她而已。這個女孩子因為自我的感覺極其敏銳，一會兒工夫便感受到他們注視著自己，便開始臉紅，心神不安，最後只好中途停止彈琴，退出了禮堂。這些學生深知她注意自己比注意音樂還厲害，這便是他們曉得用注視的方法可以擾亂她的緣故。

一心想到自己是無法增加做事的效率或減少自我感覺的，一心想到工作卻能做到。

四十二、辦公室四大忌

辦公室有時就是一個小社會，人多嘴雜。面對各種利益衝突，你必須看準角色定位，既不能孤芳自賞，又不能表現過度。進一個新部門，人地生疏，特別是在一個各種人雲集、良莠一時難辨的辦公室內，如何迅速贏得大多數人的好感，盡快融入其中，營造良好的人際關係呢？

（1）切忌製造小圈圈，散播小道消息：辦公室內切忌私自拉幫結派，形成小圈圈，這樣容易引發圈外人的對立情緒。更不應該的是在圈內圈外散佈小道消息，充當消息靈通人士，這樣永遠無法得到他人的真心對待，只會對你避之唯恐不及。

（2）切忌沒事聊天，大話家常：工作中應保持高度的自覺，即使有時工作完成了也不要閒著沒事與同事聊天，大話家常，這樣只會招致主管反感。此時將做完的工作拿出來仔細檢查一番也是好的。如若出錯，定會倍受批評。

（3）切忌逢人訴苦：把痛苦的經歷當作一談再談、永遠不變的閒聊話題，不免會讓人避讓三舍。忘記過去的傷心事，把注意力放到充滿希望的未來，做一個生活的強者。這時，人們會對你投以敬佩多於憐憫的目光。

（4）切忌揭人短處：辦公室內難免出現不愉快，此時切忌揭人短處，這樣的人不但無法與同事相處融洽，連主管也會對你反感，工作上遇到困難時，自然也不會有人幫助。

▋四十三、幾種不良的工作習慣

在公司裡我們常常會看到這樣的情況：一位員工工作技能很高，卻常常無法按時完成工作任務或與他人無法和睦相處，進而導致了考評結果不理想，最終影響了在公司中的升遷。

分析發現，該員工的問題並非出在工作技能中，而是在工作習慣中。良好的工作習慣可以將工作技能順利地應用到具體工作中，可能還會彌補工作技能的不足，進而高效完成工作任務。不良的工作習慣造成的作用恰恰相反。

以下就是幾種不良的工作習慣，希望我們能認真瞭解，並與自己的工作習慣相對照，來發現自己的不足：

（1）不注意與直屬主管的關係

直屬主管，是你工作的直接安排者與考績的直接考評者。處理好上級關係不是讓你去阿諛奉承，而是要注意經常與上級溝通，瞭解上級安排工作的意圖，一起討論一些問題的解決方案，這樣可以更有利地完成自己的工作。

（2）忽略公司文化

每個公司都有自己的企業文化，不論公司是否宣傳這些文化，它都是客觀存在的。每一位員工，特別是新員工，在剛進公司時，一定要留意公司的

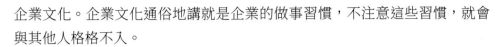

企業文化。企業文化通俗地講就是企業的做事習慣，不注意這些習慣，就會與其他人格格不入。

比如公司員工經常加班加點的工作，而你卻非要按時來按時走，一分鐘都不願在公司多待，這種不良的工作習慣勢必會影響你在其他員工心目中的印象。

（3）對他人求全責備

每個人在工作中都可能有失誤。當工作中出現問題時，應該協助去解決，而不應該只做一些求全責備式的評論。特別是在自己無法做到的情況下，讓自己的下屬或別人去達到這些要求，很容易使人產生反感。長此以往，這種人在公司內將沒有任何威信可言。

（4）出爾反爾

已經確定下來的事情，卻經常做變更，就會讓你的下屬或助手無從下手。你做出的承諾如果無法兌現，會在大家面前失去信用。這樣的人，公司也不敢委以重任。

（5）一味取悅他人

一個真正稱職的員工應該對本職工作內存在的問題向上級提出建議，而不應該只是附和上級的決定。對於管理者，應該有嚴明的獎懲方式，而不應該做「好好先生」，這樣做雖然暫時取悅了少數人，卻會失去大多數人的支持。

▎四十四、面試時，這些習慣要改掉

面試時，個別求職者由於某些不拘小節的不良習慣，破壞了自己的形象，使自己面試的效果大打折扣，導致求職失敗——

手：這個部位最容易有問題。如雙手總是不安穩，忙個不停，做些玩弄領帶、挖鼻、撫弄頭髮、掰關節等動作。

腳：神經質似的不住晃動、前伸、翹起等，不僅人為地製造緊張氣氛，而且顯得心不在焉，相當不禮貌。

背：彎著腰，弓著背，似一個「劉羅鍋」，考官如何對你有信心？

眼：或驚慌失措，或躲躲閃閃，該正視時卻目光游移不定，給人缺乏自信或者隱藏不可告人祕密的印象，極易使考官反感；另外，死盯著考官，又給人壓迫感，招致不滿。

臉：或呆滯死板，或冷漠無生氣等，如此殭屍般的表情怎麼能打動人？得快快改掉。一張活潑動人的臉很重要。

行：有的手足無措，慌慌張張，明顯缺乏自信，有的反應遲鈍，不知所措，不僅會自貶身價，而且考官不將你看「扁」才怪呢。

總之，面試時，這些壞習慣一定要改掉，並自始至終保持彬彬有禮、不卑不亢，大方得體、生動活潑的言談舉止，不僅可大大增強求職者的形象，而且往往使成功機會大增。

四十五、妨礙你晉升的六種壞習慣

在一個工作崗位上你已經做了很久，卻沒有得到升遷，你曾無數次地反問自己錯在哪裡，卻沒有得到結果。這裡列舉出幾種妨礙你晉升的壞習慣，希望對於苦惱中的你會有所幫助。

壞習慣一：衣著不得體

衣衫不整、頭髮凌亂地出入辦公室，或是打扮怪異地上班，都會令人看著不舒服。

改善方法：辦公室著裝關鍵在於大方整潔，過分新潮、怪異的裝束下班後再展示不遲。

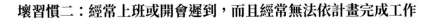

壞習慣二：經常上班或開會遲到，而且經常無法依計畫完成工作

遲到的壞習慣極容易引起上司和工作夥伴不滿，會被認為自由散漫，沒有工作責任心。

改善方法：較為寬鬆地估計路途所需的時間，預留十分鐘緩衝。若討厭「等待」的話，隨身攜帶一些文件或書籍，以免浪費時間。記住：上班早去幾分鐘，會讓上司留下好印象。

壞習慣三：過分保護自己

上司向你提出建設性的批評，你卻搬出一大堆理由辯駁，將責任推到別人身上。這說明你胸襟不夠寬廣，不樂於接受別人的批評，處處設防。這會妨礙你與上司的溝通，甚至引起衝突。

改善方法：嘗試為自己的行為負責，別推卸責任。

壞習慣四：孩子氣

總像孩子般依賴別人，缺乏獨立工作能力。當上司徵詢意見時，你無法提供肯定的立場和見解，或是支支吾吾，或乾脆不理不睬。這種不成熟的表現，難以讓別人對你放心地委以重任。

改善方法：培養獨立思考的習慣，寧願犯錯也要大膽表達自己的見解。

壞習慣五：失憶症

問起你一些人名、電話或工作期限時，你總是啞口無言，然後猛翻紀錄，這會降低別人對你的信任程度，上司會懷疑你對工作沒興趣、做事無條理。

改善方法：細心聆聽別人的自我介紹，常用的電話號碼標在醒目處，加深印象。嘗試寫工作日程表，以便提醒自己每天應做的事情。

壞習慣六：做事拖延

雖然你有能力完成手頭的工作，但進度遲緩也會令人對你的工作能力產生懷疑。

改善方法：將一件艱巨的工作化整為零，定出完成每一小部分的時限，勿讓完美主義拖自己的後腿。

▌四十六、影響升遷的「命門」

武俠小說中練就一身絕世武功的高手是鋼筋鐵骨，刀槍不入，但也常常會有一二處會被人置於死地的穴道，就是命門。命門不被人發現便罷，一旦暴露出來，性命危矣！無論身為職場老手還是新手，你的辦公室功夫練到了何種火候？若有以下某種情形，多半是命門暴露，你的辦公室前程危矣！

不會剖析

如果你從不剖析在辦公室裡的形象，而讓上司認為你有待改善，實在是再可怕不過的。這往往是因為你太輕信自己的直覺，自我感覺過好的緣故。更可怕的是，碰到一個對你這些「冥頑不靈」的缺點深惡痛絕的上司，那可就更慘了，把你全盤否定，掃地出門也是可能的。

自吹自擂

一些辦公室的女性由於對自己信心不足，便以自吹自擂來確定自己在同事心中的位置，或以此引起上司的注意。懂得證明自己價值的女性固然勇氣可嘉，但是如果你推銷自己的欲望時刻一觸即發，那麼肯定會為同事和上司帶來極糟的印象。在與你相處一段時間之後，人們很可能認為你喜愛自吹自擂，反而忽視了你的其他長處。實際上，你的做法往往給人底氣不足，用吹噓來壯大聲勢的感覺。考察你時，上司多半會把你的能力打個對折。

常玩「哭泣遊戲」

專家說，你在辦公室的信譽，至少有百分之五十來自你在人前的表現。

這表示你「聽」起來和「看」起來能幹與否，跟你真實的工作能力同樣舉足輕重。任何不專業的表現，如臉紅、哭泣、小女孩聲音，甚至不適合的衣著，都會把你的專業形象推向死亡。

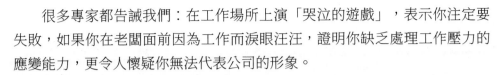

很多專家都告誡我們：在工作場所上演「哭泣的遊戲」，表示你注定要失敗，如果你在老闆面前因為工作而淚眼汪汪，證明你缺乏處理工作壓力的應變能力，更令人懷疑你無法代表公司的形象。

專家們說，上司不是你的父母，更不是你的心理醫生。所以假如你有失態之舉，應深呼吸一口氣，簡單說句「不好意思」，然後立即恢復常態即可。

管不住自己的舌頭

在活躍的工作氛圍中，上司總希望有人對他提出的方案發表意見。但是，如果在所有的會議上，你激烈的反對意見總給大家澎湃的熱情潑一瓢冷水，那麼，再民主的上司也會把你歸為「另類」打入「冷宮」，比如指派你到無聲無息的次要崗位工作。所以，如果你是個天生的「反對派」，一定要設法加以改變，學會強迫自己保持沉默，不要貿然說出你的悲觀言論，否則只會敗壞大家的情緒，使上司更加堅定了對你的排斥。

第四輯 一分鐘改變學習

書籍不僅對那些不會讀書的人是啞口無言的，就是對那些機械地讀完了書而無法從死字母中吸取思想的人，也是啞口無言的。——俄國教育家烏申斯基

▌四十七、切忌缺乏學習的恆心

有人說，讀書的時代已經過去了，現在只是一個查找資料的時代。「讀書」二字給人最深的印象就是：手裡捧著一本例如《四書》、《五經》之類的書，從頭讀到尾地閱讀，一遍二遍，三遍四遍，不停地閱讀，並且不停地對其吟誦。而在當今的時代，誰又會有那份整天「子曰」、「詩云」的「閒工夫」？能擠出時間把《四書》、《五經》匆匆一覽就算不錯了，因為還有很多其他的書在「排隊等候檢閱」。

書不光要讀，還要抓緊讀、認真讀。如學生時代的教科書，走上工作之後有關的專業書。圍繞著「專業」，還有不斷爆發出來的「尖端」，書讀得越多，知識才會越廣博，頭腦才會越聰明。

面對「知識爆炸」的今天，「人不讀書，其猶夜行；二毛之叟，不如白面書生。」自負容易停滯，自卑容易讓人失去信心和勇氣。

最好是不氣餒，不停地做；不自滿，不停地用功。讓我們記住魯迅的「倘能生存，我仍要學習」這句箴言吧。

記住，成功人士之所以會成功，他們大多數都是在前人奮鬥的基礎上獲取的。

牛頓曾經用「巨人的肩膀」來比喻書，並且說他自己有很多成功都是站在「巨人的肩膀」上獲得的。

「我沒有現成的根據，沒有可照抄的模型。我是一位開拓者，所以我是渺小的，我希望讀者諸君承認我已成就的，原諒我未成就的。」

在亞里斯多德的話裡，我們可以清楚地看到人類永不休止的奮鬥。

讓我們也收拾起行李，站在巨人的肩膀上，用我們的耐心和堅定不移的信心去打開生命之門吧！

四十八、完全靠摸索是愚蠢的人

在今天，誰沒有知識，誰就可能被淘汰。知識當然要透過實踐來最終學到，但除了沒條件讀書的人之外，完全靠在實踐中摸索，那是愚蠢人的作法。當然，書本知識要與實踐結合，但不讀書，又從哪裡得到書本知識呢？

有遠大志向、渴望為人類做出大貢獻的人自然要有深厚的知識功底。就是我們一般常人，要求職，要勝任工作，要想賺錢，在今天這個競爭激烈的社會，沒有足夠的知識也是不行的。我們羨慕資訊人員的高薪，但要知道，他們是靠知識才賺來不菲報酬的。為擁有專業知識，他們付出的學習時間和精力遠比我們要多。你要做財務總經理嗎？你怎能不懂財務的知識？你要在股市上賺錢，你就應該有起碼的證券知識。生物技術、奈米技術、電子商務、資金運作、企業管理、國際金融……你要成為某一領域的佼佼者，你就得讀書，就得學習。知識的更新非常快，你必須有終生學習的心理準備。

一切東西都可以滿足，金錢、住房、汽車、享樂……只有讀書和學習不能滿足。在這方面，要永遠不知足。

有人說：「我已經有了夠花幾輩子的錢，我幹嘛還要讀書學習？」當然，你可以不讀書了，但你今後的人生必定是庸人的人生，愚人的人生。宋人王安石說：「貧者因書而富，富者因書而貴。」這個「貴」，是指氣質的高貴，人品的高貴。你願意當一個空有錢卻沒有知識修養的土包子嗎？

四十九、消化不良能撐死人

你在消化不良的時候是不是很難受？

是，一定是。

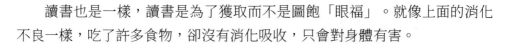

讀書也是一樣，讀書是為了獲取而不是圖飽「眼福」。就像上面的消化不良一樣，吃了許多食物，卻沒有消化吸收，只會對身體有害。

徐特立說：「我讀書的方法總是以『定量』、『有恆』為主，不切實際地貪多，既不能理解又不能記憶。要理解，必須記住基本的東西，必須『經常』、『量力』才成。」

俄國教育家烏申斯基也說過：「書籍不僅對那些不會讀書的人是啞口無言的，就是對那些機械地讀完了書而無法從死字母中吸取思想的人，也是啞口無言的。」

學習切忌消化不良，要做到適度，不要太貪。貪心不但無法幫你得到有用的知識，反而會使你勞而無功，是「吃」了很多，可是沒有掌握，更別說運用了。

因此，學習最注重掌握，千萬別走形式，走馬觀花，徒勞無功。

五十、讀書要有選擇

愛讀書是一種很好的習慣，可是盲目讀書、不會選擇，則又使這一好習慣變成壞毛病了，這是我們許多人在學習中都會犯的錯。

俄國文學批評家別林斯基說過：「我們必須學會這樣的本領：選擇最有價值、最適合自己的讀物。」

俄國另一位作家屠格涅夫也曾告訴我們：「不要讀信手拈來的書，而是要嚴格加以挑選。」

讀書要有選擇，不僅因為書籍很多，我們的時間和精力有限，更重要的是書籍中良莠不齊。不加以選擇地讀書，很可能讀了一堆「垃圾書」，不但白白浪費了精力，還使自己思維混亂、趣味變得低下。

因此，我們在讀書時一定要摒棄自己盲目讀書的壞毛病，做到有選擇、有目的地讀書。這樣，我們不但在讀書學習中學到我們想要的知識，也不致於浪費時間、浪費生命。

五十一、學習面不要過於狹窄

我聽說過這樣一個故事：

有甲、乙兩個人，甲興趣廣泛，喜歡學習不同的東西，他學過捕魚、打獵、伐木……乙卻認為自己不必學許多，因此他只學過伐木。後來，機緣巧合，甲與乙一同伐木。一轉眼過了許久，他們周邊的木材伐光，甲與乙也就失業了，可是由於甲興趣廣泛，他改行捕魚，而乙無所事事，只能靠吃老本生活，最後在甲的勸導下又學起了捕魚。故事的結尾是乙發出了長長的感嘆：「要是我當時再學一些別的，那就好了。」

也許這個故事不現實，在生活中根本不存在，但它總說明了一個道理：「多學習一些知識總是沒有錯的。」

生活中，許多人認為，我現在從事某一行業，我只要做好那就行了，何必再去學別的知識。可是君不見競爭日益激烈的今天，又有多少人失業、多少人被競爭淘汰。失業的人如果有了上述的觀點，也就沒了謀生的本領，只能永遠地被競爭所淘汰了。

學習面過於狹窄這一學習中的壞毛病，我們必須重視，這需要我們在學習時多學些有用的知識，自己要有專長，但專長以外的東西也須瞭解、掌握一些。只有這樣，才能使自己知識豐富，成為一個永不被淘汰的人。

五十二、死讀書，讀死書

死讀書，認為凡是書上所說的都是正確的，不與現實的具體情況相聯繫，其結果就是把書讀死了，成了一個道地的書呆子。

美國的大學，培養了許多與現實生活脫離的空想派知識分子，他們所擁有的僅是一些統計數字和一些過時的資料。

有些知識分子，手上拿著的則是用了二、三十年或更久的講義，隨便進行一番修飾之後，就在新的學期開始派上用場。

由於這些大學的不切實際，所以教授們的地位也日見下降。

例如有一位留學美國的學子，在讀了十多年書後，終於獲得了一個博士學位，這位學子面對茫茫的前途之時，也唯有硬著頭皮出外工作。而出外工作要做什麼呢？都已三十多歲的人了，除了識字打字之外，他所學的那點專長竟毫無用武之地，也真叫人無奈。

結果，他只找到了一份年薪一萬五千美元左右的工作，其時，一位基層職員每年的薪水，大概也有一萬二千到一萬五千元。

中國歷史上曾出現過，由春秋戰國時期的學術燦爛，倒退到了秦漢的「焚書坑儒」、「罷黜百家，獨尊儒術」的地步，主要原因，就是統治者要扼殺讀書人活躍的思想。

中國歷代皇帝都很自私，他們為了鞏固政權，打擊天下英才，實行迂腐的教育，對於那些有精力、有造反潛能的英才則一網打盡，在很大程度上扼殺了人才。後世對於唐太宗的歌頌，也不外是半諷半頌，其中有一句就是：「太宗皇帝真長策，天下英雄盡白頭。」

▌五十三、不良閱讀習慣及其克服

許多人在閱讀時有一些不良習慣，這些習慣或妨礙閱讀速度，或影響閱讀理解，還可能損害身體健康。一個好的閱讀者必須克服這些不良閱讀習慣。

讀出聲音

閱讀時把每個字都讀出聲。出聲閱讀會拖慢速度。許多時候，你並沒有真正讀出聲，只是在腦中將音調發出，但這很容易帶動嘴唇，便其上下不自覺地移動，進而減慢閱讀速度。如有這種情況，你可以嘗試在閱讀時將手指緊貼嘴唇。

移動手指

閱讀時用手指著字句。這個習慣會降低閱讀速度，因為手指的移動不及眼睛敏捷。如有這個習慣，強制自己將雙手拿開，單純靠眼睛移動引導閱讀。

轉動頸部

閱讀時頸部由一邊轉往另一邊。這個習慣也會降低閱讀速度，而且會加重頸部肌肉的疲倦，令閱讀者備覺辛苦。如有此習慣，嘗試用手將頸部的位置固定，單純依靠眼球的轉動引導閱讀。

糾纏生字

時常停下來思索行文中的一些生字。這會打亂閱讀節奏，並妨礙對文章重點的掌握。糾纏生字主要是因為字庫太小，平時須在這方面多下功夫，多識一些字或背一些單詞。此外，閱讀時可根據上下文推測生字的意思，待閱讀完畢再查字典印證。

不當返讀

回頭重讀一個字或一句話。這是許多人閱讀速度緩慢的原因，其潛在心理是懷疑自己的理解能力。不當返讀之所以減慢閱讀速度，是因為經常要回頭思索，而不是專注向前迎接新的內容，結果，新的內容又得不到充分理解，只好又回頭重讀，這就形成一種惡性循環——返讀越多，越需要返讀。如有不當返讀的習慣，嘗試一口氣閱讀一篇文章。這樣，你會發覺，就算不返讀，你也能領略全文的意思。當然，若要仔細咀嚼某些字句，返讀也是必要的。

病態讀書姿勢

不少學生愛趴在桌上或躺在床上看書，這樣很容易造成近視、駝背等生理變化，損害身體健康。所以，閱讀時一定要注意保持姿勢端正。

不講求讀書衛生

有的人讀書看報時愛用手指沾口水翻書頁，更多的人在讀書後不洗手，這都是十分有害的。尤其是公共書籍，借閱的人形形色色，極可能成為傳播疾病的途徑。所以，閱讀時一定要注意講究衛生。

第五輯 一分鐘改變心態

如果你背對著整個世界，整個世界也會背對著你。命運是不可改變的，可改變的只有我們對命運的態度。然而，只要我們能夠以恰當的態度對待命運，命運也就不是那麼可怕的了。

▌五十四、注意，不可狂熱

大部分人都會同意，對自己的工作有熱情，如果不是必要的成功因素，也是大有幫助的。不過許多人把有用的熱情與亢奮或狂熱的行為混為一談。

熱情有各種不同的形式，它可以是成功的動力，或者是挽起袖子，或是在艱苦而漫長的工作中，總有一種「亢奮」的熱情。不過，它的問題是，會耗盡你的精力，而且很累人。它的動力來自外在的源頭，緊迫的截稿時間和小題大作。因為這種熱情類型的外在本質，總是帶著一點挑戰的味道：「只要一切都順心，我就愛這種感覺。」這種熱情也會變得無聊。你只有在有壓力、有興奮的事情發生時，才能得到樂趣。你將時間消磨在等待和尋找更大的興奮上。

另一種比較鎮定的熱情是我們所謂放鬆的熱情。這是一種包容、「沒有時間壓力」的感覺，它滲透了你所做的每一件事。任何事都帶來喜悅和成功。這種感覺不狂熱，這是一種比較鎮定的興奮，它可以說是一種沒有憂慮的興奮：「我就是喜歡這樣，因為我被我所做的事情吸引了。」

引發這種熱情的方法就是學習將你的注意力完全保持住，任何時刻都試著一次只做一件事情，而且對「那件事情」付出你全盤的注意力。如果你在接電話，要專心跟你說話的對象「在一起」，不要分心，要專心。如果你的心飄走了、溫柔地將它帶回來。我們所做的任何事情——準備一份報告、一個演講、解決一個問題、想出一個點子、從事一件困難的工作等等，都是放鬆熱情的潛在來源。它不是來自興奮、外在的冒險，而是來自我們自己的注意力、我們的想法。我們之中有太多人活在過去或未來，當我們的心思不在此時此地時，我們就從經驗中汲取快樂。

你只要更專注在此時此刻，就可以將熱情帶回你的人生和事業中。你專注的洞察力將會大幅提升，你的創意和創造力也會有明顯的提高。

五十五、不要陷入自卑的泥淖

「成功者」與「普通者」的個性區別在於，成功者充滿自信、洋溢著活力；而「普通人」即使腰纏萬貫、富甲一方，內心卻往往灰暗而脆弱。

那麼，「普通人」的共同點又是什麼呢？就是人類與生俱來的自卑感。

自卑是許多人身上明顯存在的生存危機，因為這些人在自信者面前都是脆弱的軟體動物。自卑是一種消極自我評價或自我意識，即認為自己在某些方面不如他人而產生的消極情感，是一種危機心態。自卑感就是將自己的能力、品行評價貶低的一種危機或自我意識——具有自卑感的人總認為自己事事不如人，自慚形穢，喪失信心，進而悲觀失望，不思進取。一個人若被自卑感所控制，其精神生活將會受到嚴重的束縛，聰明才智和創造力也會因此受到影響而無法正常發揮作用。所以，自卑是束縛創造力的一條繩索。

據統計，世上有百分之九十二的人是因為對自己信心不足，而無法走出生存的困境。這種人就像一棵脆弱的小草一樣，毫無信心去經歷風雨。這就是說，缺乏自信，而在自卑的泥沼中爬來爬去，是這些人最大的生存危機，自然就會遭遇挫折。如果無法從自卑中掙脫出來，那麼就成不了一個能克服危機的人。

自卑是害人的毒藥，甚至是殺人的利器。

有一次，Panasonic 應徵一批基層管理人員，採取筆試與面試相結合的方法。計畫應徵十人，報考的卻有幾百人。經過一週的考試和面試之後，透過電腦計分，選出了十位佼佼者。當松下幸之助將錄取者一個個過目時，發現有一位成績特別出色、面試時讓他留下深刻印象的年輕人未在十人之列。這位青年叫神田三郎，於是，松下幸之助當即叫人複查考試情況。結果發現，神田三郎的綜合成績名列第二，只因電腦故障，將分數和名次排錯了，導致神田三郎落選。松下立即吩咐糾正錯誤，發給神田三郎錄用通知書。但第二

天松下先生卻得到一個驚人的消息：神田三郎因沒有被錄取而自卑起來，跳樓自殺了。錄用通知書送到時，他已經死了。

聽到這一消息，松下沉默了好長時間，一位助手在旁也自言自語：「多可惜，這麼一位有才幹的青年，我們沒有錄取他。」

「不，」松下搖搖頭說，「幸虧我們公司沒有錄用他。意志如此不堅強的人是成就不了大事的。」

人生不如意事十之八九，因為求職未被錄取而拿死亡來解脫自卑的情緒，是非常可惜的。成功根源於堅韌不拔的意志，這正是有些自卑者所缺少的。應當牢記：克服自卑要有堅強的意志。

五十六、摒棄依賴之心

有時候，我們很在乎別人的看法。如果有人告訴我們你的衣服真難看，你就可能以後再不會穿了。而另一方面，則更為奇怪，別人的話語不論我們愛不愛聽，我們都會不自覺地問問別人，我們的衣著、言談、工作表現等等如何？

每個人都會有在乎別人看法的心理，不過千萬別太依賴別人的看法。過於依賴別人，是沒有主見、沒有自信的表現，是一種不好的習慣。這種不好的習慣不但會影響我們的生活、學習，甚至是工作，導致自己優柔寡斷，沒有主見，變成了一棵牆頭草，兩邊倒了。

那如何才能克服呢，這就必須做到以下幾點：

(1) 懂得向他人說「不」

下一次當他人又要求我們做東做西，又要求改東改西的時候，假設這些要求是過於吹毛求疵、沒有這個必要的話，試著鼓起勇氣婉言相拒。

（2）做自己真正喜歡做的事

挑個對自己具有特殊紀念意義的日子，好好地款待自己一下。比方說挑一個不錯的餐廳，獨自去享受一番，坐最喜歡坐的位子，點最喜歡吃的菜，喝最喜歡喝的酒，此時，沒有任何人會來這裡干涉你，要求該坐哪裡，該吃什麼，該喝什麼等，然後，慢慢地獨自品嘗眼前的美酒佳餚。

相信你一定可以發現：這種沒有任何人在旁邊囉唆的時光，是多麼地快樂、逍遙啊！

（3）自助助人

每當面臨一些需要做抉擇的問題，請將自己設想在一個陌生的國度當中，沒有任何一個親近的人可以馬上幫助你，這時該怎麼辦？設法獨自解決問題，你將會發現：其實自己一個人可以做得很好啊！

努力改變自己的依賴之心，不為別人而去改變自己，這樣才最真實，也最快樂。

五十七、為什麼我總是那麼容易患得患失

我們常常很期望得到一些我們想要的東西，但一旦真的擁有了以後，我們卻產生了一種這樣的心態：不知什麼時候我就會失去它。結果，我們活在這種陰影之下，患得患失，不得安寧了。

基本上，這是一個缺乏安全感的人，因此，會對不可測知的未來感到茫茫然，感到恐懼；此外也可能是因為：

（1）過去曾有類似不愉快的事情，讓煮熟的鴨子飛掉了，結果在心中留下陰影，久久無法忘記。

（2）從來沒有主動去規劃，遇到新的事物恐懼自然油然而生。

（3）可能曾有過自己精心設計的傑作，遭到別人無情剽竊，而讓他人一舉成名的慘痛經驗，那種感覺，會使自己再也不相信所擁有的東西能夠永遠屬於自己了。

富蘭克林曾經諷刺過：「在人世間，除了每年必須繳稅，以及終將一死外，其他沒一件事是能夠確定的。」因此，珍惜現在所擁有的一切，讓自己每天都活得很充實、很快樂。雖然「天下無不散的筵席」，但「寧願擁有過，也不願從來沒有」，如果我們能夠以達觀的心境，來看待人生的所有得失，也許就不會那麼容易患得患失了。

五十八、妒賢嫉能害自己

嫉妒使我們的思想禁閉起來。

你知道什麼是螃蟹心理嗎？你知道漁民們怎樣抓螃蟹嗎？把盒子的一面打開，開口對著螃蟹，讓牠們爬進來，當盒子裝滿螃蟹之後，將開口關上。盒子有底，但是沒有蓋子。本來螃蟹可以很容易地從盒子裡爬出來跑掉，但是由於螃蟹有嫉妒心理，結果一隻都跑不掉。原來當一隻螃蟹開始往上爬的時候，另一隻螃蟹就把牠擠了下來，最終誰也沒有爬出去。大家不用想就知道牠們的結局：牠們都成了餐桌上的美味佳餚。

人一旦嫉妒起來就好像那些螃蟹一樣。嫉妒的人以消極的人生觀為基礎，他們信奉你好我就不好的信念，所以這種心理常常為人際關係帶來破壞性的影響。

嫉妒的起因是我們發現別人比我們做得更好，別人比我們擁有得更多。嫉妒有推動力，但是它不能給我們正確的導航。

它為我們指明一條道路，但是卻讓我們去妨礙和傷害別人。用拖別人後腿的方式來贏得勝利或者至少保持不敗，這是非常愚蠢的做法。

嫉妒使我們放棄對自身利益的關注，別人的優勢恰好映照出我們的不足，想要完成一個健康完善的自我塑造，必須要懂得為自己加油。去拖別人的後腿只會使別人和我們一樣差勁，而不會使我們獲得進步。

每個人多少難免都會有些嫉妒心在作祟，因此，每當看到別人發生不幸的時候，有時候幸災樂禍的感覺就會油然而生。這種情況，最常發生在那些與我們有利害關係的人身上，如此一來，我們就會覺得似乎又少了一個競爭對手了。

但是，我們卻忽略了他人在成功之前，所可能付出的汗水與努力，因此，每個人都應該捫心自問：自己是怎麼規劃人生的？目前自己的工作充滿了挑戰與成就嗎？自己在工作中，能否獲得學習與成長的機會？與別人相比，自己是否有一些較他人突出的特質？然後，將自己未來真正想做的事情，或是欲追求的目標記錄下來。例如，希望身旁擁有什麼樣品行的益友？希望從工作中還能多學習到什麼知識或技能？未來希望過什麼樣的生活？請將所有的夢想個體化，目標明確化吧。

只要能做到不嫉妒別人，一心向目標努力，你不但遠離了嫉妒之心，還會有許多意想不到的收穫。

▌五十九、低頭走路會撞牆

這個世界上有一件事是很重要的，那就是自己瞧得起自己，至於別人怎麼說、怎麼認為，反而是一件無足輕重的瑣事。

生活中如此，工作上也一樣，只要好好做，是金子總會發光。可是，當我們面對生活的挫折和不平坦的路程時，我們卻常常貶低自身。

王亮原來在某公司的行銷部當經理。一天，他突然接到人事部門的調令，派他去供應部當經理。在公司，供應部的地位哪裡比得上行銷部呢？王亮心想如此一調，不就是明擺著對自己不滿意嘛，看來前途不妙。以前王亮從事銷售工作，整天往外跑，很合乎他的個性，如今，要他整天待在辦公室裡搞物資調動，和那些器材報表打交道，實在是有些受不了。開始的時候，王亮一直悶悶不樂，心灰意冷。後來他自己忽然想到一個問題：為什麼我以前對自己信心十足，當上了供應部經理後就沒有了呢？他思之再三，突然領悟過

來：「這是因為我自己的期待值無形中隨著部門的調動而降低了，我失去了自我上進的動力。」

於是，他開始把精力投入新的工作，慢慢地發現供應部也有自己的用武之地。而且，供應部對整個公司來說，發揮著舉足輕重的作用，只是大家平時忽略它而已。王亮重新找到了「工作的意義」，一改以往消極拖沓的作風，變得充滿自信，工作起來如魚得水，得心應手。他的積極態度也感染了下屬。

由於他出色的工作成績，供應部獲得總公司頒發的二次特別獎金。不久，王亮收到一張人事調令，他被擢升為公司的副總經理。

從這個故事中，我們看到了削足適履的可笑和滑稽，其實在生活中，我們應該有一種適應環境、改造環境的積極心態，而不要一味地在自己的消極意志中沉寂下去。

當然，有些時候我們不可能完全如意地挑選那些又重要又體面的工作，很可能要被動地接受一些工作安排。這時候要心中清楚：不要讓自己降低標準去適應工作，而應依照自己的才華提升工作標準，不要做削足適履的傻事。

六十、「憂憂」歲月好困惑

情緒低沉，意興闌珊，卻並沒有因此而推遲去做重要決策。當返回頭時，方知這些決策為我們造成多大的傷害。

這是痛苦消沉時的決策。還有賭氣時的衝動決策：你說不行，我偏要如何如何；還有悲觀失望時的無奈決策：算了吧，散了吧，我們肯定沒希望了；還有被挑釁激怒後的報復決策：我就不信我鬥不過你，我治不了你，哼！

每臨大事有靜氣，是能夠做成大事者的基本素質之一，越是重大的決策，越是要心平氣和，頭腦冷靜。

而當一個人情緒波動比較大或壓力比較大時，仍然能做到冷靜理智是一件很困難的事，這時候也是最危險的時候，因為我們可能喪失了清晰的分析判斷能力，最容易做出糟糕透頂的決策。而且，這種時候，人心底還會有一

種盡快擺脫這種境地的渴望：我不想在這兒待下去了，隨便哪條路，只要能走開就行……。

各種消極衝動下，我們極易做出後悔終生的傻事來。所以，在情緒不好的時候，應該首先想到的是平靜，控制住自己的情緒，而不是匆忙決策。說白了，別人並沒有拿你怎麼看，是你自己心目中先把自己降低了一格，然後準備隨時反撲過來，沒必要。

六十一、掙脫競爭意識的牢籠

生活中充滿了競爭，如果在競爭中落敗，你就輸掉了。

K先生是一家建築公司的設計科長，也是一位優秀的建築師。他有一位美麗賢淑的太太和可愛的孩子。在任何人的眼光中，他應該是一個生活很愉快和滿足的人。但這位K先生竟意外地患了神經衰弱，幾乎每晚都無法成眠。第二天早上起床後，全身痠痛而無法行動，食慾不振。他在空腹的時候又會感到胃部陣陣作痛。「唉，這樣下去不行呀！究竟是什麼病？我該去照照胃鏡了吧。」

照胃鏡的結果，醫師診斷他患了胃潰瘍。罹患這種疾病的原因很多，過度疲勞、精神憂鬱就是原因之一。醫生警告他，必須避免太辛勞、太激動和長時間的工作。K先生是極有敬業精神的一位建築師，他堅守一個觀念：「生活，是一種競爭。工作，更是一種競爭。如果在競爭中落敗下來，你便輸掉了所有的一切。」他在年輕的時候曾遭遇過不少挫折，憑著毅力和工作熱忱，終於克服各種困難，衝破重重的難關，才有今天這種成就。

「我絕不能失敗。」

他把自己侷限在艱苦的生活中，同時他又把所有人都當成自己的競爭對象。不管是什麼人，談到對他有好處的事情，首先進入他腦海中的是：「會不會在事情的背後有什麼陰謀？」

在這種過分的警惕之下，就是和他工作完全沒有利害關係的老同學來看他，他也不會主動去和這位老同學談到自己的工作狀況和未來理想。對他來

說，社會上所有的人，幾乎都是他競爭的對手，因此，他的精神和神經永遠都處在緊張狀態中，這使他變得更孤獨。

當一個人把所有人都視為競爭對手時，他一定會把自己的競爭意識很強烈地指向這些對手，而使得那些被他認為是自己競爭對手的人，也只好把他當成對手。而當他表現得很激烈的時候，對方也會用同樣的態度來對付他，那是必然的結果。因此，我們可以說，K先生完全是因他的「競爭意識」傷害了他自己。從這一點來看，如果一個人想要從強烈的孤獨中逃脫出來，對這種內心中太過強烈的競爭意識，是必須加以抑制的。

六十二、愛發脾氣傷人傷己

火氣大，愛發脾氣，實際上是一種敵意和憤怒的心態。當人們的主觀願望與客觀現實相悖時就會產生這種消極的情緒反應。心理學研究證實，脾氣暴躁，經常發火，不僅是誘發心臟病的原因，而且會增加罹患其它疾病的可能性。因此為了確保自己的身心健康，必須學會控制自己，克服愛發脾氣的壞毛病。

意識控制——當憤憤不平的情緒即將爆發時，要用意識控制自己，提醒自己應當保持理性，還可進行自我暗示：「別發火，發火會傷身體」，有涵養的人通常都能做到自我控制。

承認自我——勇於承認自己愛發脾氣，以求得他人幫助。如果周圍人經常提醒、監督你，那麼你的目標一定會達到。

反應得體——當遇不平之事時，任何正常人都會怒火中燒，但是無論遇到什麼事，都應該心平氣和，冷靜、不抱成見地讓對方明白他的言行之所錯，而不應該迅速地做出不恰當的回擊，從而剝奪了對方承認錯誤的機會。

推己及人——凡事要將心比心，就事論事，如果任何時候你都能站在對方的角度來看問題，那麼，很多時候，你會覺得沒有理由遷怒他人，自己的氣自然也就消失了。

寬容大度——對人不斤斤計較，不要打擊報復，當你學會寬容時，愛發脾氣的毛病也就自行消失了。

第六輯 一分鐘改變處事

　　卡內基警告人們：「要比別人聰明，就不要告訴別人你比他聰明。」這說明，任何自作聰明的批評都會招致別人的厭煩，而缺乏感情的責怪和抱怨則更有損於人際關係的發展。

六十三、不要盲目地對待別人

　　盲目只是無知的表現，也是一種不負責任的行為，對待他人切莫如此！

　　從前，有一隻老鼠生下了一個漂亮的女兒，老鼠總想把女兒嫁給一個有權勢的主兒。牠看到太陽很非凡，就巴結太陽說：「太陽啊！你多麼偉大、能幹，萬物沒有你簡直就無法生存，你娶我的漂亮女兒作妻子吧！」太陽客氣地回答：「我不行，因為烏雲能遮住我，把你的女兒嫁給烏雲吧。」老鼠又去找烏雲，老鼠對它說：「你娶了我的女兒吧，你有這樣神通廣大的本領，我真敬慕你。」烏雲說：「不行，我沒什麼本領，我比不上風，風一吹，我就被吹跑了。」老鼠一聽，原來風比烏雲更有本領，就找到風，對它說：「風啊！我可找到你了，聽說你很有本領，有權威，我願將我美麗的女兒嫁給你。」風一聽這沒頭沒尾的話，緊鎖雙眉說：「誰稀罕你的女兒，你去找牆吧，它比我行！」老鼠一聽，又決定去找牆。牆偷偷地說：「我倒是怕你們這些老鼠，你們一打洞，我可就危險了。我不配做你的女婿。」老鼠一想：牆怕老鼠，老鼠又怕誰呢？牠忽然想起了祖宗的古訓，老鼠生來是怕貓的。牠就趕緊去找貓，點頭哈腰地說：「貓大哥，我總算找到你了，你聰明、能幹、有本事、有權威，做我的女婿吧！」貓一聽，倒是爽快地答應了：「太好了，就把你女兒嫁給我吧！最好今晚就成親。」母老鼠一聽，貓大哥真不愧有魄力、有作為的男子漢，心想總算幫女兒找到了如意郎君，於是喜滋滋地跑回家去，大聲對女兒說道：「終於給你找到好靠山了，貓大哥最顯赫，最有權勢，可享一輩子福呢！」當晚就把女兒打扮起來，請來了一群老鼠儀仗隊，打著燈籠、涼傘、旗號，敲著鑼鼓，一路上吹吹打打，把女兒用花轎送到了新郎

的住地。貓一看，老鼠新娘來了，等轎剛進門，還未等新娘下轎，就撲了上去，一口將可愛的新娘吞進肚裡去了。

這個小故事，給了我們很好的啟發：盲目的人就如同那隻老鼠，不切實際，盲目行事，最後得到的只有悔恨。為人處世切忌不可盲目，試問自己是否願意做那隻老鼠，送自己的女兒進貓口呢？

六十四、退縮即滅亡

不熱烈地、堅強地希望成功，而一味退縮，退縮，再退縮，那麼一定是世界末日將要來臨了。

據說拿破崙一上戰場，士兵的力量就可增加一倍。軍隊的戰鬥力，大半寓於士兵對將帥的信仰之中。將帥顯露出疑懼驚惶，全軍必然要陷於混亂、動搖；將帥的自信，則可以提高他部下們的勇氣。

人的精神能力，就像軍隊一樣，也應該信賴其主帥──意志。

有堅強的意志，有堅強的自信，往往使得平庸的男女也能夠成就神奇的事業，成就那些雖然天分高、能力強，但是多疑慮與膽小的人所不敢染指嘗試的事業。

你的成就大小，往往不會超出你自信心的大小。假使拿破崙認為翻越阿爾卑斯山太難的話，他的軍隊就絕無法爬過阿爾卑斯山，同樣地，你在一生中，能不能成就重大的事業，很重要的是你對自己的能力有沒有信心。

不熱烈地、堅強地希望成功、期待成功而能取得成功，天下絕無此理。成功的先決條件，就是自信。

在這世界上，有許多人總以為別人所有的種種幸福是不屬於他們的，以為他們是無法得到的，以為他們是無法與那些鴻運高照的人相提並論的。然而，他們不明白，這樣缺乏自信，是會大大削弱自己生命力的。

「假使他想他能夠，他就能夠；假使他想他不能夠，他就不能夠。」當然，這一信心是要建立在客觀規律的基礎上，胡思亂想是不行的。

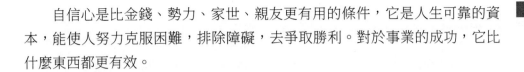

自信心是比金錢、勢力、家世、親友更有用的條件，它是人生可靠的資本，能使人努力克服困難，排除障礙，去爭取勝利。對於事業的成功，它比什麼東西都更有效。

六十五、無畏的爭執源於狹隘

沒本事的人才去巴結主管，我靠本事吃飯，他能拿我怎麼樣？

任何組織機構都有嚴格的等級存在，這是其得以有效運轉的基礎和必要條件，相應地也就必須有各級主管的存在。不論這些主管是如何處於這些位置上的，也許他真的是能力出眾，也許他擅於組織和協調，也許……但無論如何，有一點你必須承認：他有指揮你的權力，並會對你的發展構成正面或負面的影響。

除去極為優秀或個別的主管以外，大多數主管喜歡號令自己的下屬，這不但是上下級組織的必然要求，也是主管履行職責，達到預定目標的前提保障。許多主管還認為自己比下屬優秀，在潛意識中有很強的優越感等等。在這些主管的心目中，主管的尊嚴是至高無上的，也是最為敏感和脆弱的，如果下屬讓這些主管下不了台、面子難堪，他們是絕不會容忍和諒解你的。

與主管的衝撞對抗通常會有二種後果：首先，不利於工作的開展。上下級不團結、不協調，勢必會影響到工作的順利進行，而一旦工作中出現問題，主管就會順勢將這些責任推到你的頭上。

其次，對個人的發展極為不利。你的衝撞會使主管覺得尊嚴受到極大的損害，會產生極大的敵意，即使當時能夠克制，以後也可能與你過不去。儘管你有才華，但也會很難有用武之地。

雖說你有才能，但也有被埋沒的危險。為什麼呢？

一是恃才傲上者往往看不起主管的能力，對其命令更是百般挑剔，不願用心落實，敷衍了事。這種人存在於組織之中，勢必渙散人心，瓦解鬥志，為主管所不容，加之其過分聰明又愛賣弄，主管亦不會交給其重要任務，往

往最後陷入孤獨，覺得周圍做得好的同事也只是與主管搞關係而已，與同事們的關係也不好。

再說，這些本有些才華者，因其傲上的毛病，往往得不到施展，缺少鍛鍊的機會，反而陷入人事糾紛中，漸漸地愛業敬業之心日益減少，才華逐漸生疏、埋沒。

有才華是好事，但切不可因為這點才華而毀了自己，歷史上這類例子很多。所以我們說，推銷自我，為自己創造良好的施展才華環境，也是一項不可或缺的才華。

在公司中做事，要盡可能地看到主管、同事的優點，謙和地處世待人，這樣大家才會幫助你；再者，不論主管如何，要對事不對人，用心把自己的工作做好，即使主管水準低或是做出錯誤決策，你也可以在適當的時候以合適的方式提出自己的意見，以工作大局為重，而不是一味地頂撞、不合作。只有如此，你的才華才會被各級主管以及周圍同事認可，並在工作中做出成績來。

主管是我的對立面，我有真才實學，和他挑釁也沒什麼大不了的，而且還能在同事面前顯出我的個性和本領。錯矣！

六十六、飛揚跋扈無人愛

時機要擅於掌握，但並不是每一個人都唾手可得，它屬於那些真正屬於他們的那些人。

林肯是一位勤勉好學的人，他透過自學，取得了律師執照。他在法庭上的機智是有口皆碑的，有一次，竟一言不發擊敗了原告律師。

在法庭上，原告律師先發言，把一個簡單的論據翻來覆去講了二個小時，講得聽眾都不耐煩了。台下一片嗡嗡聲，有人竟打起瞌睡。

接著是林肯上台替被告辯護。只見他走上講台，一言不發。台下嗡嗡聲沒了，大家感到很奇怪。林肯等了一會，先把外衣脫下，放在桌上，然後拿起玻璃杯喝一口水，然後把玻璃杯放下，重新穿上外衣。然後又把外衣脫下，

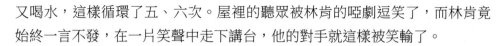

又喝水,這樣循環了五、六次。屋裡的聽眾被林肯的啞劇逗笑了,而林肯竟始終一言不發,在一片笑聲中走下講台,他的對手就這樣被笑輸了。

「此時無聲勝有聲」。沉默也能戰勝飛揚跋扈。埋怨和指責是生活中最不和諧的噪音,哪怕你的矛頭只是在指向自己,哪怕你的遭遇如同祥林嫂(編按:魯迅小說《祝福》中的人物),但一味地抱怨只會讓人對你敬而遠之。

六十七、切莫小題大作

人在遭受挫折時會變得非常脆弱,但問題不論多嚴重,請不要讓別人與你分享這份傷感。

對於每個人來說,隨時遭遇各式各樣的危機,本身就是一件非常平常的事情。家人生病、親友死亡、婚姻不美滿等,這些大大小小的問題都會使我們壓力倍增,心力憔悴,進而影響我們的工作情緒。

不客氣地說,這個世界上的人每一個人都是以自我為中心的,每個人的視角也完全是被自己先天或後天形成的思維框架左右的,所以每個人都有不同的注意力,喜歡把注意力集中在自己感興趣的事情之上。比如說,你們夫妻最近經常無端發生嚴重的口角,你察覺你和太太的婚姻關係已經亮起了紅燈。而且也許這個時期又是公司最緊張的時候,你的工作也很繁重。在家庭和工作壓力下,你很容易陷入無奈情緒的陷阱,處於一個相當低落的時期。大多數人在情緒低潮時,總希望別人給予關懷,對自己伸出援手。所以你在這種情況下,一不留神就會失去控制,家庭問題上的苦悶與事業的壓力都讓你急需要有人傾聽你的感受,幫你發洩心中的鬱悶和不滿意。

不是每個人都是我們可以信賴的朋友,而且每個人都有自己感興趣的事情,你對他們傾訴一些你自己覺得感人淚下的事情,其實並不會博得他們的同情,甚至會覺得你小題大作,沒能力處理好一些簡單的事情。

深究起來,這種渴望同情與注意的心理是一種小孩心態。我們都見過這樣的畫面:許多時候,當一個孩子摔倒之後,他並不是馬上張嘴大哭,而是看周圍有沒有人注意他,有人的話,他就會驚天動地哭起來;沒有人,他通

常就會不聲不響地爬起來，繼續他的遊戲。小孩子的這種把戲會讓人覺得可愛好玩，但換做一個成年人呢？

再說，每個人都會有不少煩惱，大家可能都在「水深火熱」中掙扎，何必總拿自己的不開心強加到別人頭上呢？除非需要幫助，否則即使是最好的朋友，也不要拉著人家陪你一道悲傷，還是自我調節為好。

其實人就是不斷地在調節——受挫之間一分一秒度過的，對於人生，時喜時憂，但真正能讀懂的只有自己。

六十八、做一天和尚撞一天鐘

悲觀主義的人都是這樣，害怕失敗遠勝過享受成功帶來的喜悅，因此，對於自己的所作所為，沒有足夠的信心。

當前許多人，由於對任何事物可能會發生的結果總是感到不確定，於是就會常常陷入沮喪之中，最後也學會了以多做多錯，少做少錯，不做不錯的心態來面對任何事物。

其實人生的確是處處充滿不確定的，如果我們不願意勇敢地去面對眼前的挑戰，那麼，所有擔心的夢自然就會隨時發生，何不放棄悲觀，勇敢迎向未來？

做一位無名英雄

能夠讓脆弱的自尊得到寄託的最好方式，莫過於讓自己參與一些只問耕耘不問收穫的工作。例如我們可以加入當地的義工社團，從一些很單純的事情開始做起，如：協助清理社區環境的垃圾，協助搬運沙包以防颱風可能帶來的水患等，這些活動都可以讓我們養成以自己為榮，也以他人為榮的習慣，進而增強對自己的信心。

勇於接受挑戰

我們可以從許多成功的大人物傳記與軼事中，找到無數個他們曾經面對挑戰，進而戰勝挑戰的偉大事情，所以，從現在開始放棄那些多做多錯的心態吧！

隨著生活範圍的擴大，一個人肯定會遇到新的挫折和失敗。勇敢並不能保證事事成功，但一個人只要不斷進取，即使失敗了，也比那些什麼都不願做的平庸之輩強得多。

在商界，自信與果敢更是領導者的必備品行。有一些成功的領導者，他們都能迅速地做出決策和改正錯誤。他們很乾脆地答道：「這條格言會帶你走向錯誤。如果你考慮得太多、太久，那你永遠難以前進。」

謹小慎微會使我們失去許多機會。如果老是躺在舒適溫暖的床上，人們就會失去寶貴的主動進取和創新精神。

人們總是力圖去征服新的、更富挑戰意義的未知世界。在我還很小的時候，有位先生來到我們班上參觀並被邀發表簡短的談話。我已忘記他的名字，但我永遠忘不了他所說過的話：「熱愛生活，要感謝生活的賞賜，不要臨陣逃脫，要盡力去超越自己，那麼你會發現你的能力要大大超過你的想像。」有的人很希望培養自己在這方面的品性，但是要知道，勇敢不是在一夜之間就可以獲得的，它要從孩童時候便著手訓練，直至成年繼續培養。

消極是一種束縛，許多有為的青年，他們雄心勃勃，希望發展自己，但是缺乏足夠的自信，為膽怯所阻礙。沒有勇氣，無法提升自己生命的價值，擔心失敗的風險，因此無為一生。

勇於接受挑戰的洗禮，如此，我們才可能在全力以赴面對挑戰的過程中，學到更多寶貴的體驗，而人格也會因此更為成熟。

六十九、不要留戀過去

失去不一定是損失，也可能是獲得。

唐朝詩人李白，如果他滿足於小時候的玩樂，就沒有以後的「詩仙」。

在現代，如果嚴文井只願作為一名圖書管理員，中國又會少一位童話作家。

如果洛克斐勒甘當一名小職員，就沒有以後的「石油大王」。

歷史人物之所以會成為歷史人物，一個很重要的原因就是，他們大都是不滿足於現狀的人。他們不會因為過去的失敗而沮喪，也不會因為過去的挫折而忘記進取。

榮譽是社會給予自己的一種承認，卻也是成功者的包袱。短視的人往往為此而沾沾自喜，把獎章、證書之類當成自己才能的象徵、保證，而就此裹足不前，最終再沒有大的成就。

所以，千萬別讓過去的成功擋住自己的視線，過去的已經過去了，它已屬於昨天。

然而不幸的是，那些今天已經取得了傲人成就的成功者們，每當別人向他們提出各種建議或質疑的時候，他們總是會下意識地覺得別人太幼稚。他們會理所當然地覺得，以前某類事情就是這麼處理的，結果很成功也很好，為什麼要聽你的呢？

從文化的角度去看，經驗主義幾乎是人類共有的一種特性。那些能力超群、充滿自信的成功人士更是如此，他們經歷了太多事情，獲得了太多成功，很少能夠有人促使他們懷疑自己。

但他們沒有想到，還有一種規律就是：當你自我感覺到非常成功的時候，失敗可能正在開始。

要想成為一個成功的人，就要向龍蝦學習。龍蝦在某個成長的階段裡，就自行脫掉外面那層具有保護作用的硬殼，雖然這個階段很容易受到敵人的傷害，但牠一長出新的外殼，就可以更加自由地活動了。

▌七十、不要迷信經驗

人們常常說經驗可貴，但經驗可貴是否意味著我們一定要迷信經驗，不敢走自己的路？

傳說在浩瀚無際的沙漠深處，有一座埋藏著許多寶藏的古城。要想獲取寶藏，必須穿越沙漠，戰勝沿途數不清的機關和陷阱。

一個勇敢的人決定去尋寶。

為了在回程的時候不迷失方向，這個勇敢的尋寶者每走出一段路，便要做上一個非常明顯的標記。勇士最終找出一條路來。就在古城已經遙遙在望的時候，這個勇敢的人卻因為過於興奮踏進了佈滿毒蛇的陷阱，眨眼間便被飢餓的毒蛇吞噬。

過了許多年，終於又走來一個勇敢的尋寶人。他看到前人留下的標記，心想：這一定是有人走過的，既然標記在延伸，說明指路人安全地走下去了，這路一定沒錯！於是他沿著標記走下去，最後落進同樣的陷阱，成了毒蛇的美餐。

最後一位走進沙漠的尋寶人是一位智者。他看著前人留下的標記想：這些標記可不能輕信，否則，尋寶者為什麼都一去不返了呢？智者憑藉著自己的智慧，在浩瀚無際的沙漠中重新開闢了一條道路。他每邁出一步都小心翼翼，紮實平穩。最終，這位智者戰勝了重重險阻抵達古城，終於獲得寶藏。

前人走過的路，並不一定通往成功。已被踏平的大路盡頭，絕沒有價值連城的寶藏。即使原來真有寶藏，也早已經被那些更早踏上這條路的人挖掘乾淨了。

經驗也是如此，每個人都有自己特殊的經歷，不同的觀點，不一樣的生理時鐘，因此每個人都不可能毫無保留地將別人的經驗套在自己身上。我們要做的只能是吸收其中的精髓，然後根據自己的實際情況摸索出一條適合自己的道路。

因此，我們千萬不要迷信經驗。經驗並不神祕，經驗就在我們心中。

▋七十一、不要輕易批評別人

以前有一個禿子，一天他出門在外，住進一家小店，對面住了個麻子。月光照在麻子的臉上，禿子越看越有趣，就忍不住吟出一首詩：

臉

天排

糯米篩

雨灑塵埃

新鞋印泥印

石榴皮翻過來

豌豆堆裡坐起來

禿子把麻子罵個痛快，很是得意忘形，就對麻子說：「客，你能也從一個字吟到七個字嗎？」

麻子說，「你吟罷了，我再模仿便沒有味道，不妨我從七個字吟到一個字如何？」麻子就吟出一首詩：

一輪明月照九州

西瓜葫蘆繡球

不用梳和蓖

蟲虱難留

光不溜

淨肉

球

禿子羞得滿面通紅，再也說不出話來。

戲弄別人，卻被他人嘲笑，這便是居心叵測的人的下場。

卡內基警告人們：「要比別人聰明，卻不要告訴別人你比他聰明。」這告訴人們，任何自作聰明的批評都會招致別人的厭煩，而缺乏感情的責怪和抱怨，則更有損人際關係的發展。

在日常生活裡，常會發生此種情形——你覺得和某個人說話很無聊。那個人通常是個陰沉、言而無信，又喜歡說別人壞話的人。此種芥蒂只會使彼此處得更不融洽。如果你認為對方是個沒有內涵的人，不管你是否將此事說出，都會讓你的人際關係變得狹窄起來。

要知道，永遠自以為是，且動輒責備他人的人，往往會令人生厭而自討沒趣。

羅賓森教授在《下決心的過程》一書中說過一段富有啟示性的話：

「人，有時會很自然地改變自己的想法，但是如果有人說他錯了，他就會惱火，更加固執己見。人，有時也會毫無根據地形成自己的想法，但是如果有人不同意他的想法，那反而會使他全心全意地去維護自己的想法。不是那些想法本身多麼珍貴，而是他的自尊心受到了威脅……。」

因此，不到不得已時，絕不要自作聰明地批評別人。

七十二、不要執著於成見

心中有了成見，就會把事情搞砸。

一代魔術大師胡迪尼有一手絕活，他能在極短的時間內打開無論多麼複雜的鎖，從未失手。他曾為自己定下一個富有挑戰性的目標：要在六十分鐘之內，從任何鎖中掙脫出來，條件是讓他穿著特製的衣服進去，並且不能有人在旁邊觀看。有一個英國小鎮的居民，決定向偉大的胡迪尼挑戰，有意給他難堪。他們特別打造了一個堅固的鐵牢，配上一把看上去非常複雜的鎖，請胡迪尼來看看能否從這裡出去。

胡迪尼接受了這個挑戰。他穿上特製的衣服，走進鐵牢中，牢門匡啷一聲關了起來，大家遵守規則轉過身去不看他工作。胡迪尼從衣服中取出自己特製的工具，開始工作。

三十分鐘過去了，胡迪尼用耳朵緊貼著鎖，專注地工作著；四十五分鐘、一個小時過去了，胡迪尼頭上開始冒汗。最後二個小時過去了，胡迪尼始終聽不到期待中的鎖簧彈開的聲音。他精疲力盡地將身體靠在門上坐下來，結果牢門卻順勢而開，原來，牢門根本沒有上鎖，那把看似很厲害的鎖只是個樣子。小鎮居民成功地捉弄了這位逃生專家，門沒有上鎖，自然也就無法開鎖，但胡迪尼心中的門卻上了鎖。

小鎮的居民故弄玄虛，捉弄了這位大師。大師的失敗在於先入為主的概念告訴他：只要是鎖，就一定是鎖上的。

因此，在實際生活中，我們一定要拋棄成見，不要讓第一個想法占據你的腦子。要知道：錯覺首先來到，真相就難容身了。

▌七十三、「為了面子」要不得

如果你想前後一致，這種一致是因為有事實根據，還是因為要得到情緒上的滿足呢？你何以一定要一致呢？是否因為自傲心呢？是否因為承認以前的錯誤就覺得羞恥呢？要自傲而堅持錯誤是容易的。你以前的判斷難免有錯誤，如果你堅持這種錯誤，唯一的原因就是因為你以前是這樣判定的。那麼，要救「你的面子」，你就要付出很大的代價了，只有那些頑固不化的人才堅持著永遠前後一致。所以你應當以對與不對為準則，而不可頑固地堅持一致。

紐約《太陽報》的老闆德那有一種習慣，就是在凡是他認為重要而必須刊登的文章上面批一個「必」字。凡是批有「必」字的文章，排字間的人都不敢刪掉。但是有一個年輕的編輯密切爾看見批了「必」字的文章中有這樣的一段：「我們很感謝訂閱者萊特瓦爾特先生送給我們一個極大極紅極神祕的蘋果。這是一個很怪異的蘋果，這個蘋果又大、又好看，但是如果有人切下來吃，那就倒楣，因為蘋果皮上顯出很清楚的白字，是本報編輯的名字，於是我們不得不驚訝這種人工培植之驚奇而令我們不可瞭解。」

密切爾曉得有許多關於自然界魔術的兒童書籍，告訴兒童如何當蘋果還是青色時，用紙剪成字母貼在蘋果皮上，所以其他部分因陽光都變為紅色之

後，而紙遮的那部分仍舊是青色的。他不願主筆對大眾承認這種小小的把戲是「驚奇而令人不可瞭解」的，於是密切爾扣留了這篇文章而沒有發表。

第二天早上德那先生來的時候，便馬上追問：「那篇批上『必』字、有關蘋果的文章，哪裡去了呢？」密切爾顫慄著解釋他何以把這篇文章扣留了，而德那先生的回答正足以表現他那種真正偉大的地方：「如果有一個像那樣好的原因，不要怕把我的『必』字取消。你不必呈請法官或陪審員通過就可以判其死刑了。」

密切爾何以曉得他取消這篇文章是做得對的呢？這就是因為採用上述的原則，而他有十足的把握。他取消這篇文章對他個人並沒有什麼利益，反而使他有冒犯德那先生的危險。當然，最後他所得到的好處是不少的，但如果密切爾不是碰到像德那這樣坦白的人，恐怕馬上就會被炒魷魚了。看來，凡是一種判定的結果使你個人得到利益的，就應當懷疑此種決定是否正確。而一味地固執己見、為了面子是千萬不可取的，這樣的人往往會成為別人嘲笑的對象——不懂裝懂，死要面子。

七十四、依賴別人非好漢

無論做什麼事，都想要別人給予幫助，這些人具有很大的挫敗性，容易盲從，最終只有苦果吃。

美國鋼鐵大王卡內基是婦孺皆知的人物，他更是一個典型依靠自己白手起家的人物。當別人問及他成功的祕訣是什麼時，他回答說：「我覺得一個人若想真正成功，最好是讓他生長在貧賤的環境中。因為今天的社會處處凶險，猶如巨浪滔天的汪洋大海，所以必須要有堅強的決心，靠自己的力量，才能有美好的前程。創業時最好是一無憑藉，才不會產生依賴的心理，因為，成功的人最要緊的就是要有獨立精神，而通常生長在豪門富宅的公子哥，由於過慣了揮霍享受的日子，很難再要求他們刻苦耐勞，所以往往就成為不幸的失敗者。」

事實也是如此，無論做什麼事，如果缺乏獨立自主的精神，一心只想依賴他人，還會有成功的希望？不只是個人，整個國家社會也是如此，如果只依賴外國的經濟援助、技術輔導等，縱使能得到繁榮，但基礎也無法穩固。日本過分依賴外國的石油資源，所以一旦面臨石油危機，就弄得人心惶惶，社會不穩。所以每個人一定要養成獨立自主的精神，才不會在事情發生變化時就束手無策。

▌七十五、勤於行動，勝於勤說

現實是此岸，理想是彼岸，中間隔著湍急的河流，行動則是架在川上的橋梁。

在四川的偏遠地區有二個和尚，其中一個貧窮，一個富裕。

有一天，窮和尚對富和尚說：「我想到南海去，您看怎麼樣？」

富和尚說：「你憑藉什麼去呢？」

窮和尚說：「我一個水瓶、一個飯缽就足夠了。」

富和尚說：「我多年來就想租條船沿著長江而下，現在還沒做到呢，你憑什麼去？！」

第二年，窮和尚從南海歸來，把去過南海的事告訴富和尚，富和尚深感慚愧。

窮和尚與富和尚的故事說明了一個簡單的道理：說一尺不如行一寸。

而如今仍有許多人喜歡只說不做，空有遠大抱負而不願意去實幹，這些都是缺乏進取心的表現，而這樣的人也只能一輩子碌碌無為，永遠不可能成功。

▌七十六、別為小事煩惱

我們通常都能很勇敢地面對生活裡那些大的危機──可是，卻會被那些小事情搞得垂頭喪氣。「小事」如果發生在夫妻間的生活裡，也會把人逼瘋，

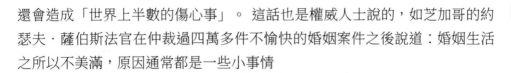

還會造成「世界上半數的傷心事」。 這話也是權威人士說的，如芝加哥的約瑟夫‧薩伯斯法官在仲裁過四萬多件不愉快的婚姻案件之後說道：婚姻生活之所以不美滿，原因通常都是一些小事情

以下是一位丈夫說的故事，恰好證明了這一點。

有一次，我們到芝加哥一個朋友家裡吃飯。分菜的時候，他有些小事情沒有做對。我當時並沒有注意到，即使我注意到，我也不會在乎的。可是他太太看見了，馬上當著我們的面指責他。「約翰，」她大聲叫道，「看看你在做什麼！難道你就永遠也學不會分菜嗎？」

然後她對我們說：「他老是犯錯，簡直就不肯用心。」也許他確實沒有好好地做，可是我實在佩服他能夠跟他太太相處二十年之久。坦白地說，我情願只吃一、二個抹上芥末的熱狗——只要能吃得很舒服——而不願一面聽她嘮叨，一面吃北京烤鴨和魚翅。

大多數時間裡，要想克服因為一些小事情所引起的困擾，只要把自己的看法和重點轉移一下就可以了——讓你有一個新的、能使你開心一點的看法。

荷馬‧克羅伊是個作家，寫過幾本書，他為我們舉了一個怎麼樣能夠做到這一點的好例子。

以前我寫作的時候，常常被公寓熱水器的響聲吵得快發瘋。蒸汽會砰然作響，然後又是一陣吮吸的聲音——而我會坐在書桌前氣得直叫。

後來，有一次我和幾個朋友一起出去露營，當我聽到木柴燒得很響時，我突然想到：這些聲音多麼像熱水器的響聲，為什麼我會喜歡這個聲音，而討厭那個聲音呢？我回到家之後，跟我自己說：「火堆裡木頭的爆裂聲是一種很好聽的聲音，熱水器的聲音也差不多，我該埋頭大睡，不去理會這些噪音。」結果，果然做到了：頭幾天還會注意熱水器的聲音，可是不久就把它們整個地忘了。

很多其他的小憂慮也是一樣，我們不喜歡那些，結果弄得整個人很頹喪，只不過因為我們都誇張了那些小事的重要性。迪斯雷利說過：「生命太短促了，不能再只顧小事。」

▌七十七、沒有信譽就沒有成功

孔子說：「人無信不立。」信譽是個人的品牌，是個人的無形資產。然而現實生活中，人才的信任危機，商業的信譽危機，造成人與人之間、人與社會之間、企業與企業之間的相互防備與猜疑。

我們常說的「君子一言駟馬難追」，講的就是人的信譽。一個沒有信譽的人，是為人所不齒的。現在的生意場上，公司、企業做廣告做宣傳，樹立公司、企業在大眾中的形象，就想提高公司、企業的公信力。公信力高了，人們才會相信你，和你有來往，和你做生意。

《莊子‧齊物論》中有一個故事：有個養猴子的人對猴子說：「我早上給你們三個栗子，晚上給四個。」猴子聽了一個個呲牙裂嘴，嗷嗷亂叫。養猴人轉了轉念頭，馬上欺騙猴子們說：「好了，別生氣了。我早上給你們四個栗子，晚上給三個。」猴子就高興起來了。

猴子的高興只是暫時受到了矇蔽。天長日久，聰明的猴子自然會知道養猴人的狡詐與卑鄙，從此不再相信他，而且仇恨他。那時候，養猴人可就要自認倒楣了。

狡詐，最終必將失信於人。失信於人，品行不端，是一種只顧眼前不顧將來，只顧短暫不顧長遠的愚蠢行為，終將一事無成。

在一篇名為〈沒有信譽就沒有一切〉的文章裡，作者葉公先生這樣寫道：

「一個成熟的社會，一個有力量的社會，不但要考察每一個人，而且還要為他們建立必要的檔案，這個必要的檔案並不是黑檔案，而是能夠向有關方面證實你的可信度的。這樣，銀行才可以借錢給你，商人才敢與你做生意，別人才能與你合作，公司才好聘用你，當然他也可以分期付款購房購物……只要有證據表明你是一個信譽良好的人，信譽就是你的通行證。如果你不講信譽呢？只要你敢欠錢不還，或者你敢搭車逃票、撕毀合約、偷稅漏稅、說謊騙人，總之，只要你敢有一次不講信譽，你就會上了沒有信譽者的黑名單，你就會失去許許多多的機會，銀行當然不可能再借錢給你，再也沒有人願意

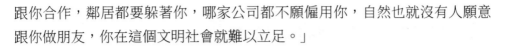

跟你合作，鄰居都要躲著你，哪家公司都不願僱用你，自然也就沒有人願意跟你做朋友，你在這個文明社會就難以立足。」

失信於人，大丈夫不為，智者不為。

恪守信譽吧！那樣，我們才能被人家所信賴；那樣，我們才能真正參與到國際經濟之中去。

七十八、為什麼總是喜歡駕馭別人

在人群中，我總是喜歡堅持己見，不論我的意見是不是最好的，我還是希望大家都能依照我的計畫來做事，如果他們最後並沒有採用我的意見或是方法，通常我都會感到相當地沮喪，不知為什麼我總是喜歡去駕馭他人？

顯然，上面所述是一個認為可以駕馭他人即能獲得他人尊重的人。假設一個人認為如果別人不採納自己的意見，就意味著自己沒有得到他人的尊敬，這多半代表這個人無法有效地調整自己的生活節奏，所產生出空虛感或不安，進而演變成希望以駕馭他人的方式，來進行情緒的宣洩，結果，變得口頭禪常常是：

「我已經告訴過你多少次了，結果你還是不聽！」

「你自己做不好啦！」說實話，這樣好嗎？

（1）肯定自己

由於喜歡去駕馭他人的主要動機之一，是源於自身的空虛與無助感，因此唯有對症下藥，才能夠有效地加以改善。

首先，我們可以試著回想一下在現實生活中，將過去或現在影響自己最深遠的重要人物一個個整理出來，並將他們曾經給予的肯定一一記錄下來。

例如，曾經有人說我們潛力無限，曾經有人讚揚我們很能等待；然後，將這些周圍的人肯定我們的言語，錄成三十分鐘的錄音帶，並規定自己每天至少播放一遍給自己聽，不論是在工作中、車子裡或是在家裡，只要當覺得空虛、鬱悶的時候，就拿出來聽一次。

久而久之，你就會在不知不覺中，發現自己不但不再那麼動不動就覺得空虛與無助，而且，也不會再將自己的情緒，以駕馭他人的方式發洩出來了。

（2）加強自己的領導力，並多方汲取新知

「領導能力」與駕馭他人、控制他人是不一樣的，相反地，領導可說是一種關懷他人的能力，領導能力必須借助敏銳的觀察力，清楚地瞭解身邊人的現況如何，並適時給予激勵，讓他們得以發揮專長，而圓滿完成個人或是團體的目標。

另外，要多閱讀一些偉人傳記，然後從中體會領導能力的真諦，我們會發現：這些偉大的人都有一個共同的特質——他們對人充滿熱情。因為，唯有瞭解人、關心人，才有可能永遠掌握自己或是他人的想法與作為。

所以，如果可能的話，也可以試著利用週末的時間，義務地當幾個小時的保姆，去照顧學齡前或是襁褓中的小嬰兒。

那麼，就會更深刻地體會到：對小孩子施以強迫的方式，最後只會讓他們哭哭啼啼，大吵大鬧，唯有用愛心與關懷，才可能達成你的目標。

▌七十九、不立志者事無成

鳥無翅不能飛，人無志不成才。治學成才，貴在立志，孔子十分強調立志在治學成才中的作用。他說：「吾十有五而志於學，三十而立，四十而不惑，五十而知天命，六十而耳順，七十而從心所欲不踰矩。」正因為孔子在十五歲時就立下了治學成才的雄心壯志，並且終身為之奮鬥，因此才取得了「三十而立，四十而不惑」，「七十而從心所欲」的結果，使他成為一個古今中外聞名的大教育家、大思想家。

不立志者事無成。一個人應該樹立遠大的志向，他如果沒有遠大的志向，必定會被眼前雞毛蒜皮的小事所煩惱。德國詩人歌德在《浮士德》中說：始終堅持不懈的人，最終必然能夠成功。但在今天的現實生活中，不少人恰恰就是缺乏這種始終向前的精神，以致終生渾渾噩噩。反之，人有志則不同。人有志則明：「志不立，如無舵之舟，無御之馬，漂蕩奔逸，終亦何所底乎」；

人有志則智：「志立則學思從之，故才日益而聰明日盛，成乎富有；志之篤，則氣從其志，以不倦而日新。」人有志則強：「志為氣之帥，有志則氣不衰。」人有志則專：「持志如心痛。一心在痛上，豈有功夫說閒話，管閒事？」人有志則韌：「精衛銜微木，將以填滄海。刑天舞干戚，猛志固常在。」可見，立志對一個人的成長、對事業的發展是何等重要。

有首詩說得好：

肯做必然成，不做必不成。

凡事若不成，乃在不做人。

世上很多事不是辦不成，只是沒盡力去做。那種言語的巨人，行動的矮子；那種只有三分鐘熱度，奮鬥一陣子，在困難和挫折面前退卻的人；那些朝三暮四、朝秦暮楚、興趣經常轉移的人，是不可能做出什麼成績，不可能成為傑出人才的。

八十、避免以貌取人

第一印象的重要性是不容否認的，尤其以外表判斷他人也是人之常情。在選擇朋友時的確很容易受到印象的好壞而影響情感，然而，這卻很容易造成偏差。

俗話說「人不可貌相」，只是，整潔的人的確比骯髒的人看起來舒服得多了。外表如果讓人不舒服，多多少少會影響到內心的喜惡。我們平常也會用這樣的話來形容別人的長相：「那個人一臉鬍子，長得像土匪！」「那個人一臉奸詐，看起來是很壞的人！」這些完全都是由外觀所下的判斷。

人的長相是與生俱來的，並非是自己的希望或責任。你如果只是從遠處看對方就表示：「我總覺得那個人看起來很討厭！」那只是表示你是個氣量狹小的人。

以日本人和中國人為例。日本人的長相有些是身材矮小、肩膀狹窄、上額突出；而中國人大多是身材高壯、相貌堂堂。然而，日本人卻是創造世界經濟奇蹟的成功者，有著深謀遠慮的思考力及頑強的奮鬥精神。諸葛亮的妻

子黃氏據說長得很醜，但是就才學來說諸葛亮還得常向她請教治國方略。而汪精衛在今天看來也是帥哥，卻是賣國賊。

很多人不都是衣冠楚楚嗎？在和人進行交往的過程中，千萬不可以貌取人。尤其是女性中，長相甜美的女子，並不一定是聰明或善良的人；相反地，有些外貌醜陋的人，由於內心的自卑反射，更加努力地充實自己，反而成為一個有內在美、可敬愛的人。在發展人際關係上，內心善良、學識豐富的人，才是值得交往的人。如果你不能開闊胸襟來接受這些有智慧的朋友，只知結交俊男美女，那你就稱不上是交際手腕高明的人了。

八十一、過分謹慎導致事與願違

過度的謹慎，或避免做錯的憂慮，是一種過度的否定意識。

正常人要達成目標時，如果過分用心，或「過分謹慎」地想避免犯錯，往往會發生像上述一樣的情況。

舉例來說，病人不想做任何事情時，他可以將手舉得穩穩的，但當他要將鑰匙插在面前的鎖孔裡，手就會歪歪扭扭地抖動；他能穩穩地拿住一隻鋼筆，但要他簽名時，他的手就抖起來了，無法控制。

這些人可以很有效地加以指導，方法是訓練他們放鬆自己，放鬆他們過度的努力與過度的「想達到目的」，使他們不要過於謹慎地想避免「失敗」。

以口吃的情況來說，口吃的人心裡老是想可能犯的錯，而又過度謹慎地想避免說錯，結果是抑制說話與阻礙行動。過度謹慎與憂慮是同一事的二面，過分關心可能的失敗或關心「做錯事」，都與竭力要做對事情有關聯。

有些意識的信號，可以告訴你是否因為壓抑而離開正路：如果你經常因過分自信而惹上麻煩，習慣性地「闖進別人不敢踏入之處」；就會因為衝動而常常陷入困境；要是你總是「先斬後奏」而結果適得其反；要是你永不認錯，那麼你很可能一錯再錯。你必須三思而後行，靜下來仔細考慮你的言行。

最好在心裡明確地記住一個事實：我們受擾的情緒——憤怒、敵意、恐懼、憂慮、不安等，它們的產生是由於我們本身的反應，不是由於外在的東

西。反應就是指緊張；缺乏反應就是指輕鬆。科學的實驗一再證明，你的肌肉只要保持於完全輕鬆的狀態下，你根本不可能覺得忿怒、恐懼、焦慮、不安。這些反應本質上是我們自己的情緒。肌肉的緊張是一種「行動的準備」或是「反應的準備」；肌肉的放鬆帶來「心理的輕鬆」中平靜的「輕鬆態度」。因此，輕鬆是自然的鎮定劑，它在你與干擾的刺激物之間豎起一塊心理的「帳幕」，或撐一把「雨傘」。

基於同樣的理由，肉體的輕鬆的確是一種有力的「壓抑消除劑」。壓抑起源於過度的意識，或是對否定意識的過度反應；輕鬆意識不反應。

用笑臉來迎接悲慘的厄運，用百倍的勇氣應付一切的不幸，這樣，你會幸福的。

八十二、女性的三種「壞習慣」

女性的一些習慣，男性認為是壞的，而專家們的研究結果卻恰恰相反，為女性解了圍。

愛嘮叨：消除煩惱。女性遇到一些煩心的事，往往習慣於向同伴或朋友傾訴，這是她們一種特殊的健身方法。

吃零食：生理需要。女性的胃容量比男性小三分之一，所以每餐進食量少，往往不到進餐時間就產生飢餓感，適當地吃些零食，這種「壞習慣」對維持身體健康有益。

愛撒嬌：調節激素。正常人體內調節神經、血管功能的激素有二類，一類是使神經興奮、血管收縮的腎上腺素；另一類是使神經抑制、血管舒張的乙醯膽鹼、血清素等。愛撒嬌的女子血液中的乙醯膽鹼和血清素的含量，遠遠高於不愛撒嬌的女性，這樣會使她們變得個性溫柔，待人和氣，少發脾氣，並且較少發生身心疾病。

正如以上所說的女性這三種「壞習慣」，被許多男人所反感，可能會因此弄得得不愉快。其實，這都是一些很正常且有益的事情，只要掌握好分寸也就行了。

第七輯 一分鐘改變說話

魯迅說得很深刻：「只有真的聲音，才能感動中國人和世界人；必須有真的聲音，才能與世界人同在世界上生活。」虛情假義只會使你遠離人群，一個人孤獨地流浪。因此，在與人交談時，話切不可太虛，否則很難與人有進一步的溝通。

▌八十三、該閉口時就閉口

嘴是用來吃飯、說話的，除此之外別無它用，但偏偏有許多不該發生的事都是出自於這裡……。

每個人都喜歡別人認為自己聰明、有才華、能幹，因此，很多人言談舉止之間，總是有意無意顯示一下自己某方面的優勢。如果是同事、朋友之間這樣做應無大礙，若是在主管面前蓄意顯能，往往會為自己帶來霉運。因為你太聰明了，什麼事都瞞不過你的眼睛，他就會視你為眼中釘肉中刺，早晚要剷除掉才安心。

三國時期的楊修，在曹營內任主簿，思維敏捷，甚有才華。由於為人恃才自負，屢犯曹操之忌。曹操曾營造一所花園，竣工後，曹操觀看，不置可否，只提筆在門上寫了一個「活」字，手下人都不解其意，楊修說：「『門』內添『活』字，乃『闊』字也。丞相嫌園門闊耳。」於是再築圍牆，改造完畢又請曹操前往觀看。曹操大喜，問是誰解此意，左右回答是楊修，曹操嘴上雖讚美幾句，心裡卻很不舒服。

曹操性格多疑，深怕有人暗中謀害自己，謊稱自己在夢中好殺人，告誡待他睡著時切勿近他，並因此故意殺死了一個替他整理被子的侍從。可是當埋葬這個侍者時，楊修喟然嘆道：「丞相非在夢中，君乃在夢中耳！」曹操聽了之後，心裡越加厭惡楊修，便想找機會除之。

曹操率大軍迎戰劉備打漢中時，在漢水一帶對峙很久，曹操由於長時屯兵，到了進退兩難的處境。此時恰逢廚子端來一碗雞湯，曹操見碗中有根雞

肋，感慨萬千。這時夏侯淳入帳內稟請夜間號令，曹操隨口說道：「雞肋！雞肋！」於是人們便把這句話當做號令傳了出去。行軍主簿楊修即叫隨軍收拾行裝，準備歸程。夏侯惇見了便驚恐萬分，把楊修叫到帳內詢問詳情。楊修解釋道：「雞肋雞肋，棄之可惜，食之無味。今進不能勝，退恐人笑，在此何益？來日魏王必班師矣。」夏侯惇聽了非常佩服他說的話，營中各位將士便都打點起行裝。曹操得知這種情況，以楊修造謠惑眾，擾亂軍心罪，把他殺了。

俗話說得好：「聰明反被聰明誤。」楊修是一個絕頂聰明的人，卻因鋒芒太露，不懂閉口之道而招致殺身之禍。

由此看來，鄭板橋的「難得糊塗」倒真是處世之道的至理明言了。面對上司，想必每個人都有「伴君如伴虎」之感。因此，我們要學會降虎之術，那就是讓自己顯得笨一點、愚一點，讓上司顯得英明一些，高大一些，這樣我們這些「笨頭呆腦」的傢伙，在他眼裡也就會可愛多了。凡大智者，無不是「愚」人。不失時機地說話，恰到好處地閉口，才能在與上司的周旋中，明哲保身。

■八十四、慢說「你錯了」

朋友們，在日常生活中，你是否經常聽到別人對你說「你錯了」這樣的話呢？假如聽到這種話你感覺如何呢？我想大多數人聽到這樣的話心裡都不會太舒服吧。短短幾個字，雖無惡意，卻很容易傷害人的自尊心。

光勞利是紐約一家木材公司的推銷員，他多年與那些冷酷無情的木材審查員打交道，常常發生口舌，雖然最後的結果往往是他贏，但公司卻總是賠錢。為此，他改變策略，不再與別人發生口角。結果呢？下面是他講的一段經歷：

有天早上，辦公室的電話鈴響了，一個人急躁不安地在電話裡通知他說，光勞利運去他工廠的一車木材都不合格，他們已停止卸貨，要求光勞利立即

把貨從他們的貨場運回去。原來在木材卸貨四分之一時，他們的木材審察員報告說這批木材低於標準百分之五十，鑒於這種情況，他們拒絕接受木材。

光勞利立刻動身趕去那家工廠，一路上想著如何才能最妥當地應付這種局面。通常，在這情況下，他一定會找來判別木材等級的標準規格據理力爭，根據自己當了多年木材審查員的經驗與知識，力圖使對方相信這些木材達到了標準，錯的是他。然而這次他決定改變做法，打算用最近學會的「說話」原則去處理問題。

光勞利趕到工廠，看見對方的採購員和審查員一副敵對神態，擺開架勢準備吵架。光勞利陪他們一起走到卸了一部分的貨車旁，看一下情況到底怎樣。

看了一會兒光勞利就發現，審查員用錯了標準。這種木材是白松，審查員用的卻是檢查硬木的標準。不過光勞利一點也沒有反對他的木材分類方式。光勞利一邊觀察，一邊問幾個問題。光勞利提問時顯得非常友好、合作，並告訴他說他們完全有權把不合格的木材剔除掉。這樣一來審查員變得熱情起來，他們之間的緊張開始消除，漸漸地審查員整個態度變了，他終於承認自己對白松毫無經驗，開始對每一塊木料重新審查，並虛心徵求光勞利的看法。

結果是他們接受了全部木材，光勞利拿到了全額的支票。

人活臉，樹活皮，當你不給別人面子的時候，想想自己被如此對待的心境吧！

▋八十五、掌握說話分寸

俗話說：「量體裁衣」。日常說話，要根據各種人的地位、身分、文化程度、語言習慣來作不同的處理，掌握好分寸，留有餘地。讚揚不要過分，謙虛也應適當。一些人常常將剛演了齣好戲的青年演員稱為「崛起的新星」；剛發表了一首小詩便謂之「著名詩人」，這種讚揚有些是禁不起時間考驗的，但水已潑出，誰又會來草草收場呢？同樣地，謙虛也該實事求是。

科學史上有過這樣一件事：一個年輕人想到大發明家愛迪生的實驗室裡工作，愛迪生接見了他。這個年輕人為表示自己的雄心壯志，說：「我一定會發明出一種萬能溶液，它可以溶解一切物品。」愛迪生便問他：「那麼你想用什麼器皿來放這種萬能溶液呢？它不是可以溶解一切嗎？」

年輕人正是把話說絕了，陷入了自相矛盾的境地。如果把「一切」換為「大部分」，愛迪生便不會反詰他了。

即使詞用對了，修飾程度不同，說起來分寸就不一樣。如「好」一詞，可以修飾為「很好」、「非常好」、「最好」、「不好」、「很不好」等，這些比較級的使用要慎重。如果你沒聽天氣預報，即使聽了，明天還沒到，便不可以說：「明天一定會下雨。」一個人的文章寫得一般，客氣地說也只能是「還好」，怎麼能說「非常好」呢？

有一句廣告詞：沒有最好，只有更好，說話也是如此。切忌把話說虛說過，說話一定要掌握好分寸、講究尺度。

■八十六、重話萬萬說不得

您被恥笑過嗎？您被辱罵過嗎？其實，每個人都期待從他人的語言中獲得肯定與讚美。

美國心理勵志大師卡內基先生多次講到過這樣一個故事：

「在很多年以前，我所辦的成人教育班和示範教學會中，來了一個從紐約《太陽報》來的記者。他毫不給我留情面，不斷攻擊我的工作和我。我當時真是氣壞了，認為這是對我極大的侮辱，不能容忍。我馬上打電話給《太陽報》執行委員會的主席古斯·季塔雅，特別要求他刊登一篇文章，以說明事實真相，而不能這樣嘲弄我。我當時下決心要讓犯錯的人受到應得的處罰。

現在我時常為我當時的舉動感到慚愧。我現在才瞭解，買那份報的人大概會有一半人不會看到那篇文章，看到的人裡面又有一半會把它只當做一件微不足道的事情來看；而真正注意到這篇文章的人裡面，又有一半在幾個星期後就把這件事情忘得一乾二淨。」

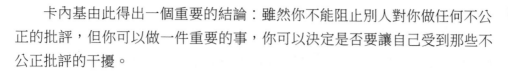

卡內基由此得出一個重要的結論：雖然你不能阻止別人對你做任何不公正的批評，但你可以做一件重要的事，你可以決定是否要讓自己受到那些不公正批評的干擾。

「盡可能做你應該做的事。」

美國總統羅斯福的夫人也曾告訴過卡內基她在白宮的行事原則：避免所有批評的唯一方法，就是「只要做你心裡認為是對的事——因為你反正是要受到批評的」。

任何人好像都有批評你的權力，無論你做任何一件事，你都要掌握好以下原則：哪些聽都不要聽的，哪些需要禮節性地應付，哪些是真正有益於你的工作的。「受人尊重」與「生理」、「安全感」、「愛與被愛」、「自我實現」等，是人的五種「基本需求」；每個人都需要從他人的語言認同、肯定、讚美中，來增加「自我價值」與「自我尊嚴」。如果常在言談中「否定對手」，則會令對方難堪、生氣，甚至產生言語和肢體上的衝突。

八七、尖酸刻薄要不得

您知道嗎？一家三口滅門血案，竟是因為凶手受不了被他人恥笑、譏諷而大開殺戒。古人說：「喪家亡身，言語占八分」，是有其道理的。

新北市土城區蕭崇烈一家三口滅門血案，在警方鍥而不捨地查緝後，宣告偵破。兇嫌鄧笑文被捕後，承認因受生意人蕭崇烈「譏諷」而萌生殺機，並在行兇後擔心事情敗露，而再殺其妻女滅口。

據警方表示，凶嫌鄧笑文心智健全，但因受到對方不斷的譏諷和嘲笑而殺人，這成為歷年來滅門血案的特殊案例，值得社會大眾警惕。

古人早有明訓：「言語傷人，勝於刀槍。」許多人常以「嘲弄」他人為樂，有部分綜藝節目的主持人，戲稱未能在比賽中過關的來賓「笨」，或嘲笑比賽者的長相「醜」。有些雖然是屬玩笑性質，但總讓人覺得不妥，畢竟「尖酸刻薄」、「有失厚道」的言辭，會使聽者產生不悅；嚴重的，正如滅門血案的被害人一般，遭到殺身之禍，後悔莫及，真是叫人不得不注意。

其實，因言辭起衝突而萌生殺機的情況，在國外亦有所聞。法國巴黎有一名「美食專欄作家」，經常在文章中特別讚譽某家餐廳，或嚴辭批評某些餐廳的菜餚。有一次，這位專欄作家在專欄中對一餐廳的菜色做出了「像豬食」的評語，以致激怒了餐廳老闆。該老闆事後特別再請此美食專欄作家去試吃「精緻美味的佳餚」，不料美食專家吃完後臉色大變，暈倒在地，送到醫院時已氣絕身亡。餐廳老闆被警方逮捕收押後，承認「設毒宴」下毒，他說：「批評我們的美食像豬食的人都該死！」

這真是叫人瞠目結舌，「專欄作家」們下筆時可得小心點，就像你說話一樣，若言辭過於尖酸刻薄，批評太過分，可能也會「惹禍上身」。

事實上，不管是男人或女人都一樣，只要被一些不中聽的話激怒，都可能會因情緒失控而口出狂言，大打出手，最後鼻青臉腫。這是我們大家都應該注意的一點。總之，惡意的嘲諷與惡言相向的「口角與怒罵」是任何人都會的遊戲，但卻也是一種雙方都無法獲勝的遊戲。

▌八十八、談笑調侃適可而止

幽默的人通常都心懷善意，他們想做的只不過是要多給人增加一份快樂而已。但無論如何，幽默也有傷人的可能，其界限是很難分的。不論開玩笑還是詼諧，都必須隨時記住這一點，而且要小心翼翼不能踏錯一步，否則一步走錯全盤皆輸，真是得不償失。

如女人開男人的玩笑，最值得注意的，也許是自尊心的問題吧！自尊心是不容人刺傷的，所以若是要開玩笑，應盡量開自己的玩笑！許多屬害的幽默，一定要指著自己來說！

萬一說了過分傷人的話，一定要誠心誠意地道歉，不能就此放任不管。

相反地，當自己被開了過分的玩笑時，一定要當作是開玩笑而已。如此一來，對方也會不好意思。遇到這種事時，胸懷千萬要寬大。

開玩笑的「規則」有：

（1）注意格調。玩笑應該有利於身心健康，增進團結，摒棄低級庸俗。

（2）講究方式。也就是要因人而異，對性格開朗、喜歡說笑的人，開些「國際玩笑」也無妨，而對性格內向、少言寡語的人，通常不要過分地開玩笑。

（3）掌握分寸。俗話說，凡事有度，適度則益，過度則損。

（4）避人忌諱。幾乎每個人都或多或少地有自己的忌諱，所以開玩笑時一定要小心避之。

當然，也有極少數人利用幽默的形式專講刻薄話，既傷人又損己，他們專門去打擊別人的自尊心，毫不在乎地說出對方所「耿耿於懷」的話。例如：有關別人的命運、他們所生長的社會環境、有關他們雙親在社會上的地位或者他們的職業等等。

這個世上本來就有很多不幸的人，一生下來之後，即背負了身體上不利的條件。而更值得同情的是：他們之所以會變成如此，並非自己心甘情願的。因此，凡是有憐憫之心的人，都不應該以他們身體上的缺陷為話題。事實上，這也是與人交往時，必須注意的一種禮節呢！

然而，還是有人毫不介意地使用那種傷人的言詞，當著別人的面說那種傷人肺腑的話，這是非常不人道的。例如，有些人常常使用一些刻薄的言語：「嫁不出去的老處女」、「睜眼說瞎話」、「拖油瓶」、「爛貨」、「雜種」、「後娘」、「廢物」、「弱智」、「壞胚子」等的字眼。

假如你有心肝的話，將不難察覺到這些字眼是極為傷人的，乃是一些非人道而殘酷的字眼。我們不妨設身處地想一想，如果自己被如此稱呼時，心裡將有何種感覺呢？這個問題實在有深思的必要。

▌八十九、真實自然不矯揉造作

如果您整天冥思苦想怎樣才能引人發笑，這樣就勢必穿鑿附會，講得不自然，缺乏真實感，結果弄巧成拙，反而使人哭笑不得。說笑話不能模仿別人，必須有自己的獨特風格。一個成功的喜劇演員在表演的時候，觀眾都被逗得笑彎了腰，他卻一本正經地站著，觀眾見到他顯得傻裡傻氣的樣子，反而更加樂得前仰後合。

　　古時候有一個縣官很喜歡畫畫，儘管畫術不佳，但興致很大。他畫的虎不像虎，反而像貓。並且，他還每畫完一幅作品，都要在廳堂內展出示眾，讓眾人評說。大家只能說好話，不能說不好聽的話，否則就要遭受懲罰，輕則挨打，重則流放他鄉。

　　有一天，縣官又完成了一幅「虎」畫，懸掛在廳堂，又召集全體衙役來欣賞。

　　縣官得意地說：「各位瞧瞧，本官畫的虎如何？」

　　眾人低頭不語。縣官見無人附和，就點了一個人說：「你來說說看。」

　　那人戰戰兢兢地說：「老爺，我有點怕。」

　　縣官：「怕，怕什麼？別怕，有老爺我在此，怕什麼？」

　　來人：「老爺，你也怕。」

　　縣官：「什麼？老爺我也怕。那是什麼，快說。」

　　來人：「怕天子。老爺，你是天子之臣，當然怕天子呀！」

　　縣官：「對，老爺怕天子，可是天子什麼也不怕呀！」

　　來人：「不，天子怕天！」

　　縣官：「天子是天老爺的兒子，怕天，有道理。好！天老爺又怕什麼？」

　　來人：「怕雲。雲會遮天。」

　　縣官：「雲又怕什麼？」

　　來人：「怕風。」

　　縣官：「風又怕什麼？」

　　來人：「怕牆。」

　　縣官：「牆怕什麼？」

　　來人：「牆怕老鼠。老鼠會打洞。」

縣官：「那麼，老鼠又怕什麼呢？」

來人：「老鼠最怕它！」來人指了指牆上的畫。

眾人捧腹大笑。縣官知道這幫人算計好了，也無可奈何。

這個差役沒有直接說縣太爺畫的虎像貓，而是從容周旋，借題發揮，繞圈子似地達到批評的目的。巧妙地用複雜問語，使他的戲做得自然而真實。

九十、喋喋不休不值錢

說話囉唆的人通常辦事效率都比較低下，他用廢話把主題都淹沒了，更不具備兼聽的習慣，往往還沒等你說完人家早都不耐煩了。

在一家大公司的門口，寫著這幾個字：「要簡潔！所有的一切都要簡潔！」

這張布告明示著二層意義：第一，提醒辦事要簡潔；第二，說明簡潔是很必要的，因為那喜歡贅言長談的習慣已經不適用於今日了。

人們通常所最厭惡的，就是談話抓不住重點、不著邊際，結果，說來說去也使人無法掌握他談話的要點，這樣的人常常會使人厭倦。所以，那種談話不直接爽快而喜歡繞圈子的人，雖然在業務上會下苦功，但往往做不成什麼大事。成就大業者是那些做事爽直、談話簡潔的人。

培養做事爽直、談話簡潔的習慣，要做到這一點並不是一件很難的事。如果能常常有意地注意訓練，能集中思想，做到處事有條不紊、談吐簡潔明瞭，那麼必然會養成簡潔的習慣。

九十一、說人者人恆說之

也不知道為什麼，有的人就是一個大嘴巴、愛亂講話的人。他不但對別人的道聽塗說充滿著濃厚的興趣，有時甚至會主動地將自己聽到的最新小道消息四處傳播，習慣成自然。

人之所以會喜歡到處亂講，到處與人論是非，其主要動機不外乎下列幾點：

（1）可以藉由私底下的一些不當言行，來顯示出自身的優越。

（2）藉著將大量的時間與精力花在討論別人的隱私上，來逃避自己在生活上所必須面對與處理的難題。

（3）借助隨時握有他人甚感興趣的最新小道消息，來向他人展示出自己是一個消息很靈通的人，並且，以給予他人最新獨家的消息，來滿足自己駕馭他人的能力。

因此，若有人想要向我們索取相關消息的時候，他們也可能必須以施予小惠的方式，才能換得一些他們想知道的消息。

如果，我們對於自己現有的一些思想和行為，感到不滿或羞愧的話，那麼，就應該從改善自己的行為開始做起，而不是利用揭人隱私的方式，來掩飾自己內心的不安與罪惡感。

首先，我們應該仔細回顧一下自己過去曾經有過哪些壞習慣與行為，讓自己深感不滿，然後一一地記錄下來，這雖然很痛苦，卻是必要的。

當記錄完成之後，再將一些已經改善的壞行為與壞習慣一一加以刪除，並向自己承諾原諒自己的過去，而且從此不再去觸及它。

最後，再將全部的精力放在想辦法改善一些現有的壞習慣上。

改掉觀賞或閱讀充斥小道消息的脫口秀、廣播節目以及相關的報紙雜誌。相反地，將多餘出來的時間，拿來閱讀一些可以激勵自己成功的名人傳記和相關的報紙雜誌，以期慢慢地改掉喜歡說長道短的壞習慣。

增強自己的自制能力，是改掉喜歡說三道四這個壞習慣最直接的方法。

如果實在不知道該怎麼樣來克制自己的話，不妨試試，只要當我們告訴某一個人某一條小道消息時，就用懲罰自己的方式寫下：「我剛剛告訴了某某某一條小道新聞」。重複寫它個二十五遍，並將此一紙條張貼在家裡最顯眼的地方。

　　然後，再將一枚十元硬幣丟進一個預先準備好的存錢筒之中，作為懲罰自己亂講的基金，當然，這個前提必須是深惡痛絕自己如此愛亂講話的人才做得到的。

　　相信以上述這種下猛藥的方式，或許有助於改掉向來喜歡搬弄是非的惡習吧。

九十二、語氣太軟則難以服眾

　　要想說服別人，先要說服自己，然後再以自己的沉穩自信去征服他人。無論是日常生活還是工作，以致政治、金融等各行業，只要你在氣勢上勝對方一籌，就能做到先聲奪人。

　　一個沒有氣勢的人，就如「脊椎」病變的人，「屹立不倒」只能是一個神話。有氣勢者，在生活和工作上都一定是強者，沒有氣勢者必將淪為弱者。機會和命運從不會「垂青」弱者。如果你是個企業家，沒有「泰山壓頂而神色不變」的氣勢，企業也將會失去精神力量，員工自然沒有安全感，最終的結局是導致潰不成軍。

　　印尼華裔傑出銀行家李文正在擴展太平洋貿易方面，構思大膽，志存高遠，氣勢非凡。李文正在公司員工例會時不疾不徐地這麼說：

　　「把發展事業的目標，定在高點上……最後的目標，是到世界各地去建立據點。」

　　李文正把目光投射到遠處區域，未來領域，包含甚廣，思考極遠，不是唯唯諾諾、亦步亦趨的小家子氣，而是大刀闊斧，敢想也敢當、敢做的宏大氣勢，高人一籌，令人刮目相看。

　　第二十三屆洛杉磯奧運組委會主席尤伯羅思開創了奧運會不賠錢反而賺錢的先河。其成功的原因，主要就在於他充滿自信、以氣奪人的說服術。

　　以往各國承辦奧運，都是千方百計地說服人家往外掏錢，結果總是贊助者寥寥無幾，給各舉辦國財政造成困難。

　　尤伯羅思則反其道而行之，他在要求別人贊助時，會對贊助者提出非常苛刻的條件，像不得在賽場內做商業廣告；贊助金不得低於五萬美元；依照公司信譽、贊助款額及支付時間的順序實行「五選一」的策略。他是抱著這種「皇帝的女兒不愁嫁」的自信態度，從紛至沓來的贊助者手中，拿到大筆的贊助。這種氣魄、這種自信，可以說是他成功的前提。難道這不值得我們借鑑嗎？

　　在現代各式各樣的社交公關活動中，若要說服他人，為自己贏得利益，就不能不靠自己充滿自信、氣度不凡的言詞，來打動對方，贏得對方。

▌九十三、說話切忌口無遮攔

　　當一個人的尊嚴受到威脅時，他很難跟你合作。所以在與人交談時，切忌語言過直，過直的話語會傷害到對方的自尊心，會為溝通的雙方帶來一定的隔閡。

　　在人際交往的過程中，許多人常常會標榜自己心直口快。但許多時候，人與人之間言語的交流，卻常是「曲則全」，有話直說反而是最不可行的。

　　「有話直說」，有時候只會讓人下不了台。不管是上對下或是下對上，說話的時候，稍微地迂迴曲折，讓聽的人有思考、斟酌的時間，反而能夠達到「事緩則圓」的皆大歡喜結局。

　　說話是門藝術，懂得說話藝術的人知道，輕話不可重說，會造成分化效果的話不說，會傷人自尊的話不說。如果一定得「說清楚、講明白」，仍必須謹記，「話不可說絕」、「不說最後一句的重話」的原則，為對方留點餘地，給自己留點口德和風度。

　　「事緩則圓」、「曲則全」的智慧，雖然古老，但的確有用。

　　當然，這種技巧的練就需要平時習慣的養成，這是一個很漫長的過程。在這一過程中，只有持之以恆，堅定自我信念，才能在改變思維、說話定勢的道路上取得最終的勝利。

第八輯 一分鐘改變觀念

成功的人物並不是在問題發生以前，先把它通通消除，而是一旦發生問題時，有勇氣克服種種困難。我們對於一件事情的完美要求必須折衷一下，這樣才不致於陷入行動之前永遠等待的泥沼中。

九十四、不要盲目和別人比

國王的御櫥裡有兩個罐子，一個是陶的，另一個是鐵的。驕傲的鐵罐瞧不起陶罐，常常奚落它。

「你敢碰我嗎，陶罐子？」鐵罐傲慢地問。

「不敢，鐵罐兄弟。」謙虛的陶罐回答說。

「我就知道你不敢，懦弱的東西！」鐵罐說著，現出了輕蔑的神氣。

「我確實不敢碰你，但不能叫做懦弱。」陶罐爭辯說，「我們生來的任務就是盛東西，並不是用來互相撞碰的。在完成我們的本職任務方面，我不見得比你差。再說……。」

「住嘴！」鐵罐憤怒地說，「你怎麼敢和我相提並論！你等著吧，要不了幾天，你就會破成碎片，我卻永遠在這裡，什麼也不怕。」

「何必這樣說呢，」陶罐說，「我們還是和睦相處的好，吵什麼呢！」

「和你在一起我感到羞恥，你算什麼東西！」鐵罐說，「我們走著瞧吧，總有一天，我要把你碰成碎片！」

陶罐不再理會。

時間過去了，世界上發生了許多事情，王朝覆滅了，宮殿倒塌了，兩個罐子被遺落在荒涼的場地上。歷史在它們的上面積滿了渣滓和塵土，一個世紀連著一個世紀。

許多年以後的一天，人們來到這裡，掘開厚厚的堆積，發現了那個陶罐。

113

喲，這裡頭有一個罐子啊！一個人驚訝地說。

「真的，一個陶罐！」另一個人說。

大家把陶罐捧起，把它身上的泥土刷掉，擦洗乾淨，和當年在御櫥的時候完全一樣，樸素，美觀，光可鑑人。

「一個多美的陶罐！」一個人說，「小心點，千萬別把它弄破了，這是古代的東西，很有價值的。」

「謝謝你們！」陶罐興奮地說，「我的兄弟鐵罐就在我的旁邊，請你們把它掘出來吧，它一定悶得夠久的了。」

人們立即動手，翻來覆去，終於找到了鐵罐，但鐵罐已經完全氧化了。

每個人都有各自的特點，有自己的長處，也有自己的短處。但人貴有自知之明。「鐵罐」的悲劇，正在於它的盲目性；而「陶罐」的不朽，就在於它清楚自己的實力。

所以做人切忌盲目地和別人攀比，所謂「強中自有強中手，一山還有一山高」，你又怎麼知道他比你差呢？其實自己在某些方面還不如人家呢。

九十五、世上沒有十全十美的東西

許多人都有追求十全十美的想法，認為自己應該做得更好，得到的東西應該更完美。

吉恩快四十歲了，他受過良好的教育，有一份安定的會計工作，一個人住在芝加哥，他最大的心願就是早點結婚。他渴望愛情、友誼、甜蜜的家庭、可愛的孩子以及種種相關的事。他有幾次差點就要結婚了，有一次只差一天就結婚了，但是每一次臨近婚期時，吉恩都因不滿他的女朋友而作罷。

有一件事可以證明這一點。兩年前吉恩終於找到了夢寐以求的好女孩。她端莊大方、聰明漂亮又體貼，但是，吉恩還要證實這件事是否十全十美。有一個晚上當他們談到婚姻大事時，新娘突然說了幾句坦白的話，吉恩聽了有點懊惱。

為了確定他是否已經找到理想的對象，吉恩絞盡腦汁寫了一份長達四頁的婚約，要女友簽字同意之後才結婚。這份文件又整齊、又漂亮，看起來冠冕堂皇，內容包括他所能想像到的每一個生活細節。其中有一部分是宗教方面的，裡面提到上哪一個教堂、上教堂的次數、每一次奉獻金的多少；另一部分與孩子有關，提到他們一共要生幾個孩子、在什麼時候生。

他把他們未來的朋友、他太太的職業、將來住哪裡以及收入如何分配等等，都不厭其煩地事先計畫好了。在文件結尾又花了半頁的篇幅詳列女方必須戒除或必須養成的一些習慣，例如抽菸、喝酒、化妝、娛樂等等。準新娘看完這份最後通牒，勃然大怒。她不但把它退回，又附了一張便條，上面寫道：「普通的婚約上有『有福同享，有難同當』這一條，對任何人都適用，當然對我也適用。我們從此一刀兩斷！」

當吉恩先生收到被退回的婚約時，還委屈地說：「你看，我只是寫一份同意書而已，又有什麼錯？婚姻畢竟是終身大事，你不能不慎重行事啊！」

生活中像吉恩這樣的人太多，追根究柢是因為他們「十全十美」的觀念在作怪。要想生活得輕鬆、快樂，要想事業有所成就，就千萬別做吉恩一樣的人。

十全十美的觀念真的是害人不淺啊！

▋九十六、改變計畫要慎重

做任何事情要有個計畫，不一定非要寫在紙上，最起碼心裡也會有個安排打算。可惜的是，有些人的計畫太容易變化了。

現在炒股的人越來越多，這可說是市場經濟中投資理念深入人心的標誌。在炒股的經歷中，股民朋友們可說是嚐遍了各種酸甜苦辣的滋味。不可否認的是：散戶中賠錢的居多。賠錢的原因很多，其中很重要的一點就是計畫性太差，隨意性太強。

比如說我們看好了一支股票，認為它有較大的上升空間。不說翻倍吧，百分之三十的空間肯定有。於是我們在現在這個價位買進，持股待漲。三天

過去了，一星期過去了，一個月過去了，在這種焦急的等待中，別的股票好像都漲了不少，再看自己手中的這檔股票，慢吞吞地一毛、兩毛地浮動，別說百分之三十了，連百分之十都沒有，甚至可能還略賠一點。怎麼辦？是不是莊家不做了？是不是有什麼情況發生了變化？專家都在推薦另外的股票，沒人理這支，又有內部消息說那一支馬上就要動了，這邊的損失從那邊肯定能賺回來……想來想去，還是改變計畫，換股吧。結果多半是這邊剛跑，莊家起動了，那邊衝進去，接了最後一棒，被套住。然後又開始新一輪循環。

還有的時候，反彈準備做短線交易，賺百分之五，進去之後呢發現勢頭很猛，百分之五十太容易了，後面應該還有，先別動了。結果這一等，股價飆高回落，剛開始還在想：短暫調整後還會上攻，專家都這麼說的，而且高價都沒跑，現在能跑嗎？到最後又不幸成為套牢一族。

做計畫時多數人會很細心，也會耐心地蒐集訊息資料，做分析研究。相對而言，計畫的提出與制定都還是比較科學的，但執行時過多的隨意性和臨時衝動都可能會導致前功盡棄，一步錯、步步錯，致使全盤計畫都付諸東流。

不是說做好了計畫就絕對不可以改變，時勢發生了變化，計畫也要相應地有所變化，但絕不是說變就變，隨意地決策。我們平時的工作生活，通常沒有戰場上打仗那樣情況萬分緊急，人命關天，而且敵情隨時會有大的改變，指揮官必須隨機應變，即使是改變計畫，也要請示上級，顧及到策略全局。

▌九十七、優柔寡斷不可取

不要追求盡善盡美。「金無足赤，人無完人」，只要不違背大的原則，就可以決定取捨。

遇事優柔寡斷，拿不定主意，這是生活中常見的現象。有人上街要買台彩色電視機，由於價錢較高，又都不是名牌，往往反覆比較。結果跑了許多家商店，去了許多次，就是無法決定。心理學家認為，人在處理問題時所表現的這種優柔寡斷的心理現象是意志薄弱的表現。如何克服這種遇事優柔寡斷的毛病呢？

（1）培養自信、自主、自強、自立的勇氣和信心，培養自己具有獨立意志的良好品行。

（2）俗話說「有膽有識，有識有膽」。增加自己的學識有助於克服自己優柔寡斷的毛病。

（3）「凡事豫則立，不豫則廢」。平時經常動動腦筋，勤學多思是關鍵時刻有主見的前提和基礎。

（4）排除外界干擾與暗示，穩定情緒，由此及彼、由表在裡仔細分析，亦有助於培養果斷的意志。

猶豫不決，你便會被擠到沒有機會的死水中，只有堅強的意志力才能將之克服。若能瞭解這些，接下來的就只有如何去克服問題。如果你能做到以上幾點，則一切的煩惱也就會隨之煙消雲散了。

九十八、想法太多會成負擔

這個世界總是為那些有目的的人準備著路徑的。如果一個人有目標、有對象，曉得他自己是向著何處前進，那麼，他就比那些遊蕩不定、不知所從的人更有成就。沒有目標，就沒有前進的方向。紐約化學銀行的副總經理蔣石東先生曾經這樣說：「如果你不知道你是往何處去，便不會達到什麼特殊的目的。」

想法太多，或者想要實現的目標太多，跟沒有想法、沒有目標其實是一樣有害的。

褐色皮膚、英俊瀟灑的泰生從小就是游泳健將，經常參加比賽。「從很小開始，別人就從二方面來看我們。」他說，「一方面看我們是誰，一方面看我們有何表現。我總是因為比賽成績好而獲得誇獎。」

於是泰生不斷追求成功。他的事業從一幢建築物開始，然後變成二幢，最後名氣越來越響亮，業務不斷擴充發展。最後，泰生的事業擴張到自己都弄不清楚究竟涉足了多少行。「我兼營製造業、仲介業務、管理事業、旅館經營、公寓改建等，每一種行業我都想插手。我非常興奮，不知道什麼是自

己做不到的，所以想試探自己能力的限度。我常在早上起床看見自己的名字登在報紙上，感覺很舒服。然後再看一遍，感覺更舒服。凡事問題越大越多就越好。」

有一天，銀行打電話通知他的公司，延遲付款也已到期，要求償還貸款。小神童泰生就這樣垮了。剛開始泰生責怪每一個人，把錯誤歸咎於銀行、社會經濟形勢或公司員工身上。但最後，他認為：

「我知道自己太自私了，我走得太快、太遠，不知道自己的能力有一定的限度。面對新機會時我不說：『這類生意我不做。』反而說：『為什麼不做？我什麼生意都做。』我就是太好大喜功，由於每一件事都想做，結果無法把精神集中在某一件事情上面。」

泰生沒有分辨清楚事情的輕重緩急。他後來重訂目標，選擇擅長的行業，集中精神去做。

泰生最擅長的是房地產開發。經過幾年的專心經營，終於逐漸有了起色。現在他再度成為紐約的百萬富翁，只不過對自己能力的限度瞭解得更清楚了。

他認為，如果現在我有這樣的想法：「經營健身俱樂部的生意好像挺不錯？」我會馬上阻止自己說：「誰要去做這種生意？我有我的賺錢行業，根本不需要做這種生意。讓別人去做好了。」

一個人的能力與精力是有限的，想法、目標太多只會為自己增加負擔，泰生的例子就是很好的證明。要想有所成就，就一定要扔掉這些負擔，那就得從一個具體的目標和對象開始。

九十九、別太計較後果

我們常常將不介意與漠不關心混為一談。事實上，這二者是全然不同的！

漠不關心指的是冷漠：「我一點也不在乎。它跟我無關。」相反地，不介意卻意味著：「我會盡一切可能，我會抱著希望，我會努力並集中精神，我會盡全力去追求成功。但是，如果我沒有成功，也無所謂。」

不介意創造了心情上的自在，它意味著緊緊抓住，卻輕輕放開。它暗示著全力以赴，真正在乎，但同時也願意完全不計較後果。

介意創造出恐懼，擋住了你的去路：萬一我輸了怎麼辦？萬一這筆交易沒有成功怎麼辦？萬一我被拒絕了？萬一、萬一、萬一……你認為一切都必須按照你想要的方式發展，沒有任何變通的想法，造成了莫大的壓力，一切全靠你的成功而定。

從另一方面說來，不介意卻像魔術一樣奏效。它容許你在努力中得到樂趣，享受過程。它給了你所需要的信心，幫助你做到了你所做的任何事。它將壓力拿掉，不論結果如何，你都贏了。無憂無慮的舉動幫助你把焦點放在目的上，它幫助你不要擋住自己的路。你的內心很清楚，即使結果與期望不合，也無所謂。你不會有事，你會學到經驗，下次你將會做得更好。這種接納態度幫助你在你的道路上走向下一步，你不再會因為失望或懊悔而感到失落或動彈不得，反而可以信心十足、充滿樂趣地向前行。

人們聽到的藉口從「我怕我沒有時間」，到「我怕我做不到」，到「我怕人們不知道會怎麼想」都有，恐懼是我們生活中最悲觀的情緒。

要想有所收穫，消除悲觀情緒，你必須真的每天花上一個完整、不受打斷的時間，做事業的關鍵工作，你必須毫無恐懼地度過這段時間！你必須不怕後果，不怕他人會如何看待你，不怕過去的失敗，不怕你沒有太多時間，也不怕你正在做的事不符合你的本性，或者任何事情。如果這份事業最重要的部分是打電話，那麼你就必須用精神較好的時間去打那些電話。為了這項事業，你必須誠實地將這段時間用來做這份工作的關鍵部分（不只是忙碌的工作），那麼不出二年，你就會步上軌道，完全經濟獨立。

花一點時間調查外面有什麼，四處問問，要願意做一點不同的事，保持一顆開放的心，不要憂慮！

太計較後果、太介意，耗損許多精力，不只是努力期間如此，在奮鬥完成後如果你失敗了，或失望了，或處理不當，通常也是如此。

▌一百、切莫急功近利

有一天，一隻狐狸走到一個葡萄園外，看見裡面水靈靈的葡萄饞涎欲滴。可是外面有柵欄擋住，無法進入。於是狐狸一狠心絕食三日，減肥之後，終於鑽進葡萄園內飽餐一頓。當牠心滿意足地想離開葡萄園時，發覺自己吃得太飽，怎麼也鑽不出柵欄。無奈，只好再餓肚三天，才鑽了出來。

從這個小故事中，我們得到的啟示是什麼呢？今天我們所面臨的難題是好高騖遠，看不起小報酬，總希望能找出致勝的突破，一鳴驚人，一口吃成胖子，一出擊就能有驚天動地的結果。但以歷史的眼光看問題，絕大多數的富人，其巨大的財富都是由小錢經過長期逐步累積起來的，初期大部分人所擁有的本錢都是很少的，甚至微不足道。一個人想成功，想致富，就必須先從心理上摒棄那種「一夜致富」的幼稚想法與觀念，這才是投資理財正常、健康的心理狀態。

從眾多成功者的經歷中可以看出，要讓投資發揮效果，時間是不可或缺的要素。長期的耐心等待是投資理財的先決條件。尤其理財要想致富，所需的耐心不是等待幾個月或幾年，而是至少要等二十、三十年甚至四十、五十年。

然而今天我們身處事事求快的「速食」文化之中，事事強調速度與效率，吃飯去速食餐廳，寄國際限時掛號，開車上高速公路，上速成班，人們也隨之變得越來越急功近利，沒有耐性，在投資理財上也顯得急不可耐，想要立竿見影。但是，在其它事情上求快或許能有效率，只有投資理財快不得。根據觀察，一般投資者最容易犯的毛病是「半途而廢」。遇上不利時期極易心灰意冷，甚至乾脆賣掉股票、房地產，從此遠離股市、房地產市場，殊不知缺乏耐心與毅力，是很難有所成就的。

辦任何事情，都會有得有失，重要的是要學會權衡利弊，權衡得失，絕不能因小失大。

▌一百零一、打發糊弄吃大虧

在你的工作事業中，沒有可以隨意打發糊弄的小人物、小事情，種下什麼種子，將來必定收收獲什麼樣的果實。一位做企畫的朋友就有過這樣的一段經歷：

「五年前我在一家行銷企劃公司工作，有一次為一家公司做市場調查，這的確是一筆很小的業務，沒什麼大問題。於是我就沒放在心上，報告有一點灌水。我只是做了些文字加工和修改就把它交了上去。對我而言，這事就這樣過去了。

去年某一天，幾位朋友拉我組成一個項目小組，一塊去完成北京新開業的一家大型商城的整體行銷方案。不料，對方的業務主管明確提出對我的印象不好，原來此位先生正是當年那項市場調查項目的委託人。

這件事給我極大的刺激，現在回過頭來看，當時我因事小而不負責的態度，竟為自己造成了如此大的負面影響。」

許多時候，我們會不經意地處理、打發掉一些自認為不重要的事情或人物，但這種隨意、不負責、不敬業或者是不道德的行為會造成一些很不好的影響或後果，在你未來的人生道路上，不一定在什麼時候會突然顯現出來，令你對當年的行為追悔不已。

國家圖書館出版品預行編目（CIP）資料

成功路上的 101 塊絆腳石：改掉壞習慣，迎接新自我！
/ 王郁陽 著 . -- 第一版 . -- 臺北市：崧燁文化，2020.01
　　面；　公分
POD 版

ISBN 978-986-516-319-8(平裝)

1. 成功法 2. 生活指導

177.2　　　　　　　　　　　　　　　　　108022319

書　　名：成功路上的 101 塊絆腳石：改掉壞習慣，迎接新自我！
作　　者：王郁陽 著
發 行 人：黃振庭
出 版 者：崧燁文化事業有限公司
發 行 者：崧燁文化事業有限公司
E - m a i l：sonbookservice@gmail.com
粉 絲 頁：　　　　　　網 址：
地　　址：台北市中正區重慶南路一段六十一號八樓 815 室
8F.-815, No.61, Sec. 1, Chongqing S. Rd., Zhongzheng
Dist., Taipei City 100, Taiwan (R.O.C.)
電　　話：(02)2370-3310 傳　真：(02) 2388-1990
總 經 銷：紅螞蟻圖書有限公司
地　　址：台北市內湖區舊宗路二段 121 巷 19 號
電　　話:02-2795-3656 傳真:02-2795-4100　　網址：
印　　刷：京峯彩色印刷有限公司（京峰數位）

定　　價：250 元
發行日期：2020 年 01 月第一版
◎ 本書以 POD 印製發行

000001